Rising INDIA and CHINA

Interactions and Strategic Significance

慶應義塾大学
東アジア研究所叢書
KEIO INSTITUTE OF EAST ASIAN STUDIES
KIEAS

台頭するインド・中国

相互作用と戦略的意義

田所昌幸［編著］
TADOKORO Masayuki

千倉書房

はしがき

中国の台頭は、良きにつけ悪しきにつけ世界の注目を集めるテーマである。実際中国の今後は、欧米が支配してきたここ何百年かの国際秩序のあり方を変えかねない大きな歴史的変動なのかもしれない。そうでなくとも、中国の隣りに位置する日本にとっては、それが切実な関心事であるのは当然のことである。だが、アジアの巨大な「新興国」としてのインドの存在はしばしば中国の陰に隠れて等閑視されがちだし、ましてや印中というただでさえ巨大な対象を両方とも同時に分析しようとした研究は、開発経済論的な視点で両国の経済発展を比較したものを除けば、多いとは言えまい。

こういった認識を踏まえて、「新興」のメガ国家としての印中両国に同時に焦点を当てて、なにがしかの新たな知見を得ようというのがこのプロジェクトの出発点であった。より具体的には、両者の比較と相互作用、そしてその外部への影響を考えてみることが我々の狙いである。このような問題意識に基づいて我々が提出した研究計画は、慶應義塾大学東アジア研究所の採用するところとなり、二〇一一年春から三年間にわたって、我々は同研究所のプロジェクトとして共同研究を続けることができた。本書のその成果である。

プロジェクトが継続していた三年間、研究会メンバーの大半が、インドでの二度にわたる調査に参加した。それによって、現地の外交・安全保障関連の研究所やシンクタンク、さらには大学などで、セミナーやワークショップを通じて意見交換を行っただけではなく、元外務省高官や軍関係者さらには対中関係改善のプロジェクトに携わっている実業家など、重要なインド側関係者と意見を交換する機会が持てた。また、年に数回開催した研究会では、研究会メンバーや外部の専門家の報告を聞き、討議を繰り返した。

研究会のメンバーのうち三人は、海外在住であった。笠井はパキスタンの日本大使館で専門調査員として勤務していたが、幸い一時帰国の際には研究会に出席し、現地情勢についての報告を行うことができた。また、ラールと鈴木はともに英国在住である。もっとも二〇一三年と一四年には、ラールは慶應大学の特別招聘教員としてそれぞれ数ヶ月間、授業を担当するために東京に滞在したので、他のメンバーとの様々な共同作業にとって非常に好都合であったし、鈴木もこの間数回来日し、セミナーをその折に開催することができた。

我々のチームには、中国やインドの地域専門家に加えて、国際政治のジェネラリスト、全保障、米国外交の専門家さらにはエコノミストも加わっていた。ただでさえ巨大な対象である。異なった知的背景を持つ我々が集まって、はたしてまとまった成果が出せるのかと危ぶんだこともあった。もちろん最終的な評価は読者の判断に待つしかないが、現地調査に加え数多くのワークショップで三年におよぶ時間をともにしたことで、それなりの共通認識が得られたように思っている。少なくとも、日本の対外政策の観点から見れば、中国への反発から一方的にインドに思い入れをすることは禁物で、日本などには操作できない印中関係に固有のダイナミズムが作用していることは、本書から読み取っていただけるのではないかと考えている。

このささやかな研究成果をまとめるにあたって様々なご支援をいただいた。まず、日本とイギリスからインドへ現地調査に行くことができたのは、平成二三〜二四年年度に公益財団法人高橋産業経済研究財団からいただいた研究助成のおかげである。このような純然たる学術的活動を、面倒な注文を一切つけることなくご支援くださったことを、ここに記して深く感謝したい。慶應大学東アジア研究所の添谷芳秀前所長そして後任の高橋伸夫現所長も、我々のプロジェクトを様々な形でご支援くださった。同研究所の小沢あけみさん、プロジェクトのアシスタントを務めてくれた林晟一君のおかげで、共同研究に付き物の様々な事務的作業が著しく効率化できたことは、時間に追われる私たちには非常に幸運であった。そして千倉書房編集部の神谷竜介さんは、いつもながら細部まで丁寧な仕事で、このプロジェクトの成果をきれいに形にしてくださった。だが、まず確実にあるだろう本書における誤りは、すべて執筆者の責任であることは言うまでもない。

二〇一五年一月

執筆者を代表して　編者　田所昌幸

台頭するインド・中国――相互作用と戦略的意義◆目次

インド・中国にかかわるアジア地域枠組み

（加盟国は2015年3月現在。オブザーバー参加国は省略した）

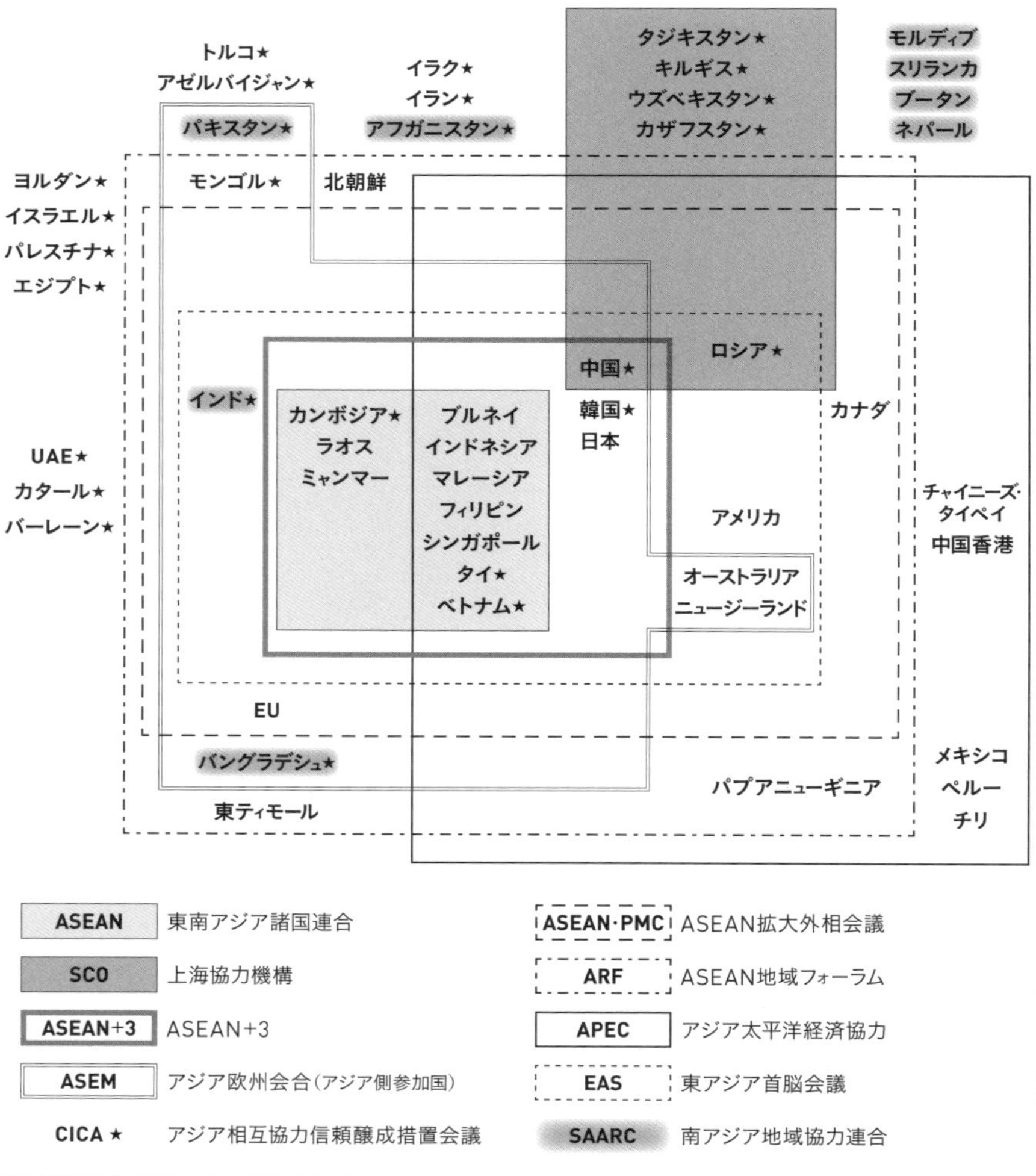

台頭するインド・中国——相互作用と戦略的意義

第1章

パワー・トランジションとしての印中台頭

田所昌幸
TADOKORO Masayuki

はじめに

冷戦終結後に盛んに語られたアメリカの一極支配に代わり、二〇一〇年ころからパワー・トランジションがしきりに議論されるようになっている。ソ連を打倒する一方、冷戦終結直後にはアメリカの脅威とまで認識された日本経済が短期間のうちに勢いを失ったことで、アメリカは、自由民主主義と市場経済を世界中で定着させるというプロジェクトを、世界的規模で、必要があれば一方的かつ武力に訴えても推進しようとした。しかしアフガニスタンやイラクへの大規模な軍事介入の結果、現地の民主化はおろか、安定化させることすら失敗してしまった。また一時は欧米の世論で大きな期待を持って見られた一連の中東諸国での政変、いわゆるアラブの春も、自由民主主義の定着を意味するものではないことが二〇一〇年代の半ばまでにはほぼ明らかになっている。一方「失われた二〇年」を経験してきた日本経済はもちろんのこと、冷戦後順調に欧州統合を進化拡大させてきたヨーロッパも、ユーロ危機をきっかけにして大きな挫折を経験し、さらに二〇〇八年のリーマンショックによって楽観一色だったグローバル市場経済とアメリカ経済の将来にも大きな疑問符が付くようになった。

いわゆる欧米先進諸国や日本とは対照的に過去数十年間めざましい勢いで国力を増強してきたのが、中国を代表とするいわゆる新興大国（BRICS）である。冷戦終焉直後には、これらの諸国も結局はアメリカ的な自由民主主義に収斂することが期待されたが、冷戦終結後四半世紀を過ぎても、中国やロシアの権威主義的国内体制が変化する兆しは見られず、逆に政治的にも自己主張を強めていることが目立つようになっている。たとえば中国が人権政策等で特段の譲歩をしているわけではないし、むしろその経済的な存在感を背景に、積極的な海軍力の増強に着手し、鄧小平の遺訓であった「韜光養晦《とうこうようかい》（能力や野心を表に出さず、力を蓄えること）」を放棄したかのような自己主張を見せ始めている。またロシアがグルジアやウクライナで見せた武力による現状変更は、主要大国間の本格的な地政学的対立は過去のものとなり、安全保障の中心的な課題が開発途上国における平和構築や、テロリストなどの非国家主体による暴力に対抗することになったとする見方から、「地政学の復活」とでも呼ぶべき事態に回帰しているという見方も出てきている[1]。

ところで、こういったパワートランジション論の中心となるのは主として中国の台頭であり、今日の世界とりわけアジア太平洋における地政学的構造を決めているのが、米中関係の力学であることを見ると、このことは怪しむに足りない。中国はすでに二〇一〇年、GDPの規模で日本を抜いて世界第二位の経済大国となっていることは周知の通りである。また、急速な海軍力の拡大とともに、核兵器を急速に近代化していることもよく知られている。だがこれにインドという第三のパワーを加えると、どのような構図が見えるのだろうか。この点を検討するのが、この章の狙いである。

インドは中国と並んで一〇億を超える、世界でもっとも多くの人口を抱える国である。また、両国は古典的な文明の発祥の地として、西洋近代に対抗する文明を持つことをしばしば自負する。さらに両国ともに第二次世界大戦後にイギリスや日本の帝国主義的圧迫から独立したという意味では若い国家であるとともに、ともに社会主義的な経済運営から中国は一九七〇年代末に、インドはそれに一〇年以上遅れて市場経済へと移行し、以後人類史上特筆すべき急速な経済成長を経験している。

ヨーロッパで産業革命が起こる以前の時代には、経済活動の主要な部分は農業だったので一人当たりの生産性には世界中でそう大きな差はなかったと考えられるから、ヨーロッパの列強とは桁違いの人口を持つ両国は、一九世紀初頭には世界全体のGDPの四割から五割程度をしめていたものと見られる。両国が今後も予見しうる将来にわたって、世界で桁外れの人口規模を誇る国家であることは確実であろう。インドを世界政治の鳥瞰図に加え、両国の比較および相互作用に注目しながら、いくつかの将来像とその条件を析出してみたい。

1　比較と相互作用

二〇一〇年代前半における両国の国際社会における重みと、そこにいたる軌跡をここで確認してみよう。中国がすでにGDPの規模でアメリカに急追していることはよく言われている通りだが、一国のGDPが、一般に一国が他国の行動を制御する能力を意味する国力をどの程度表現しているかは大問題である。日本は長らく世界第二位のGDPを誇ってきたが、それに見合った国力を持っていたとは考えにくい。逆にインドは非同盟諸国のリーダーとして一九五〇年代から六〇年代前半には、GDPの規模とは不釣り合いな影響力を国際社会で誇っていた。にもかかわらず、GDPは一国の物的資源の豊富さを表現する指標としてもっと

表1-1 印中マクロ指標の比較（2012、2013年度）

	インド	中国
経常収支（% of GDP）	-4.92	2.35
GDP成長率（%）	4.74	7.65
GDP（10億ドル）	1,859	8,229
1人当たりのGDP（ドル）	1,503	6,093
総人口（100万人）	1,237	1,351
人口増加率（%）	1.3	0.5
人間開発指標（HDI）	0.699	0.5543
平均寿命（年）	75.3	66.4
教育年数（年）	7.5	4.4
GNI（ドル）	11,477	5,150

出典：World Development Indicators（2012）, Human Development Report（2013）

も一般的に使われているし、より信頼性のある指標もさしあたって考えにくいのでそこから議論を始めることは許されるだろう。

二〇一二年現在、アメリカのGDPは約一七兆ドル程度で、二位中国はその半分強の八兆ドルあまりである。インドはそれからはるかに下回りカナダについで一一位で一兆八〇〇〇億ドル程度である。つまりアメリカの一〇分の一程度、中国の五分の一以下に過ぎない。より幅広い豊かさの指標としてよく使われるのが、国連開発計画が毎年出版する人間開発指標である。二〇一三年の報告書によると、中国の指数は〇・六九九で一八五カ国中一〇一位とされ、人間開発（広い意味での豊かさの指標）の水準は、世界の中位程度に位置すると評価されている。インドも同じく中位グループと評価されているが、指数は〇・五五四で一三六位と評価されている。平均寿命、教育水準、などの指標でもインドは中国に及ばない[2]。

また軍事力についてみても中国の優位が目立つ。国際戦略研究所の『ミリタリー・バランス』によれば、二〇一二年の中国軍事費は、一〇二〇億ドルと推計されるのに対して、インドは三八五億ドルと三分の一程度であり、核バランス面でも中国の優位は明らかである[3]。全般的に見て中国の戦略上の配置は、アメリカを強く意識したもので、インドに対する脅威感は強いとは思えない。だがインドから見ると中国に対する脅威感は依然として根強い。インドのような巨大な戦略縦深を持つ国が、いかに地続きの軍事大国といっても、自国がヒマラヤ山脈を越えて侵出する敵軍に侵略占領されるといった事態は想像することすらできない。だが両国間には深刻な国境問題が存在し、それは一九六二年には実際に戦争に発展した。中印戦争における敗北は屈辱的な歴史の一コマとして、また中国に対する強い警戒感とコンプレックスの源泉として、依然としてインド人の意識に深く刻まれている。また、インドとパキスタンとの間では、四七年、六五年、七一年と過去三次にわたる戦争を繰り返すとともに、九九年にはカシミールで両国軍が砲火を交えるいわゆるカルギル紛争が起こっている。このことから容易に理解できるように、パキスタンはインドにとって長年の安全保障上の直接的懸念である。中国がパキスタンを支援してインドを圧迫する手段として利用しているという不満はインド側では根強い。さらに、同様のことは中国のミャンマーやバングラデシュとの関係についても言える。これに加えて、近年では中国が海軍力の急激な強化を通じて、インド洋でもその存在感を増している。インドもアメリカ、オーストラリア、日本などと海軍の共同訓練などは行っているものの、独自の海軍力を東アジアで展開する力はない。

このように現在のところ、インドと中国の世界経済と戦略バランスの比較をすると、大きく中国に有利であると言えよう。その一つの背景は、インドの経済改革が中国に約一〇年あまり遅れてスタートしたことである。中国が改革開放政策に着手したのは、一九七九年であり、社会主義的市場経済という形容矛盾に近い経済体制を巧みに管理し、天安門事件といった政治的混乱も乗り越えて、爆発的な経済成長を実現してきたことはあらためて繰り返す必要はない。インドの市場経済化は、一九九〇年代初頭になって当時最大の友好国だったソ連が崩壊するという状況の中で、第一次湾岸戦争の影響などにより経済的な危機に直面したことが直接のきっかけだった。一九九一年にラオ首相の率いる国民会議派政権は、経済危機の収拾を、ケンブリッジ大学で経済学を修め、インド中央銀行の総裁も歴任したエコノミストであるマンモーハン・シン財務相に託した。そのリーダーシップによって、一連の規制緩和や市場化政策が推進され、インドはそれまで「ヒンドゥー的」と揶揄された低成長を克服し、急速な経済成長を経験し始めたのである[4]。

さて印中両国の二〇一〇年代半ばにおける国力比較の概観は、以上のようなものであるが、両国の関係に目を転ずるとどのように評価するべきだろうか。印中両国の対外関係は、すでに述べた中印戦争によって一九六〇年代に一挙に険悪化した。米ソの対立関係が基本構造であった七〇年代からソ連を友好国としていたインドに対して、七〇年代以降は中国が対ソ戦略上の考慮からアメリカと結びつくことになり、基本的に緊張をはらんだ状態が続いた。しかもそういった構図の中で、インドと対立関係にあったパキスタンが中国と結びついたため、冷たい関係が構造化されていたと言えよう。

だが、冷戦後全般的に印中両国関係は大幅に改善してきたと見て良かろう。大きな転換点となったのが、一九八八年のラジブ・ガンジー首相の訪中で、これはインド首脳の訪中としては一九五四年のネルー首相による訪中以来のことであった。九一年には李鵬首相による訪印も実現し、以降両国首脳の相互訪問が繰り返されている。二〇〇五年には温家宝首相とシン首相(元財務相)の間で懸案の国境問題についても一定の合意が結ばれ、事態の安定化に向けて相当の進展があった[5]。

こういった両国関係の前進を支えてきたのは、経済関係の緊密化である。印中貿易は二一世紀に入って急速に拡大し、二〇一二年の統計によればすでに一五〇〇億ドル程度に達している。その規模は日印貿易の三倍近い水準であり、インドの貿易相手国として、中国はすでにアメリカとＵＡＥにつぐ第三位の地位にある。また、インドへの中国の直接投資額も順調に増加している。

図1-1 印中の2国間貿易額の推移

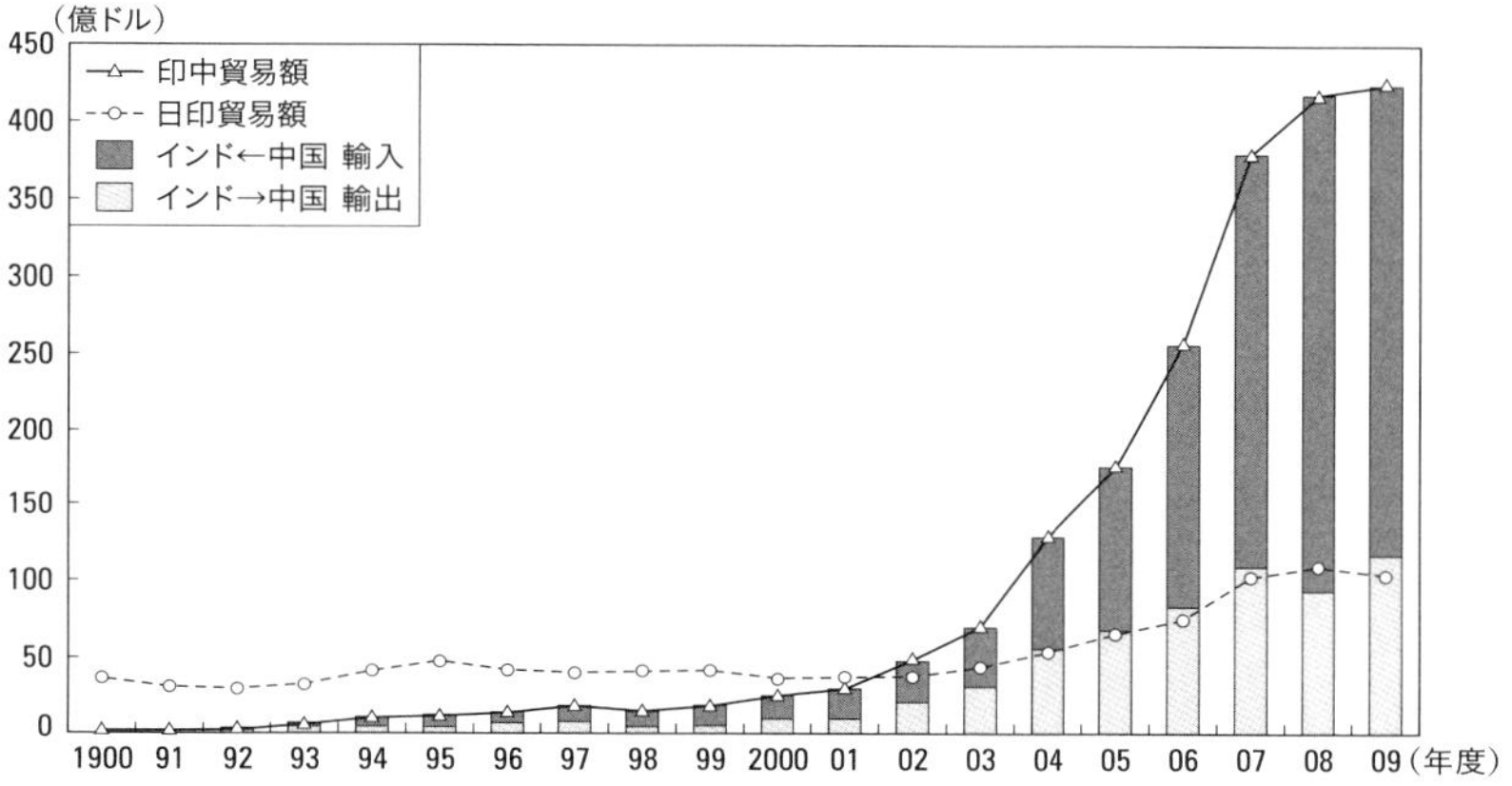

原資料:インド商工省
出典:http://www.jcer.or.jp/international/insideindia20110208.html

図1-2 中国からインドへの直接投資(累計)

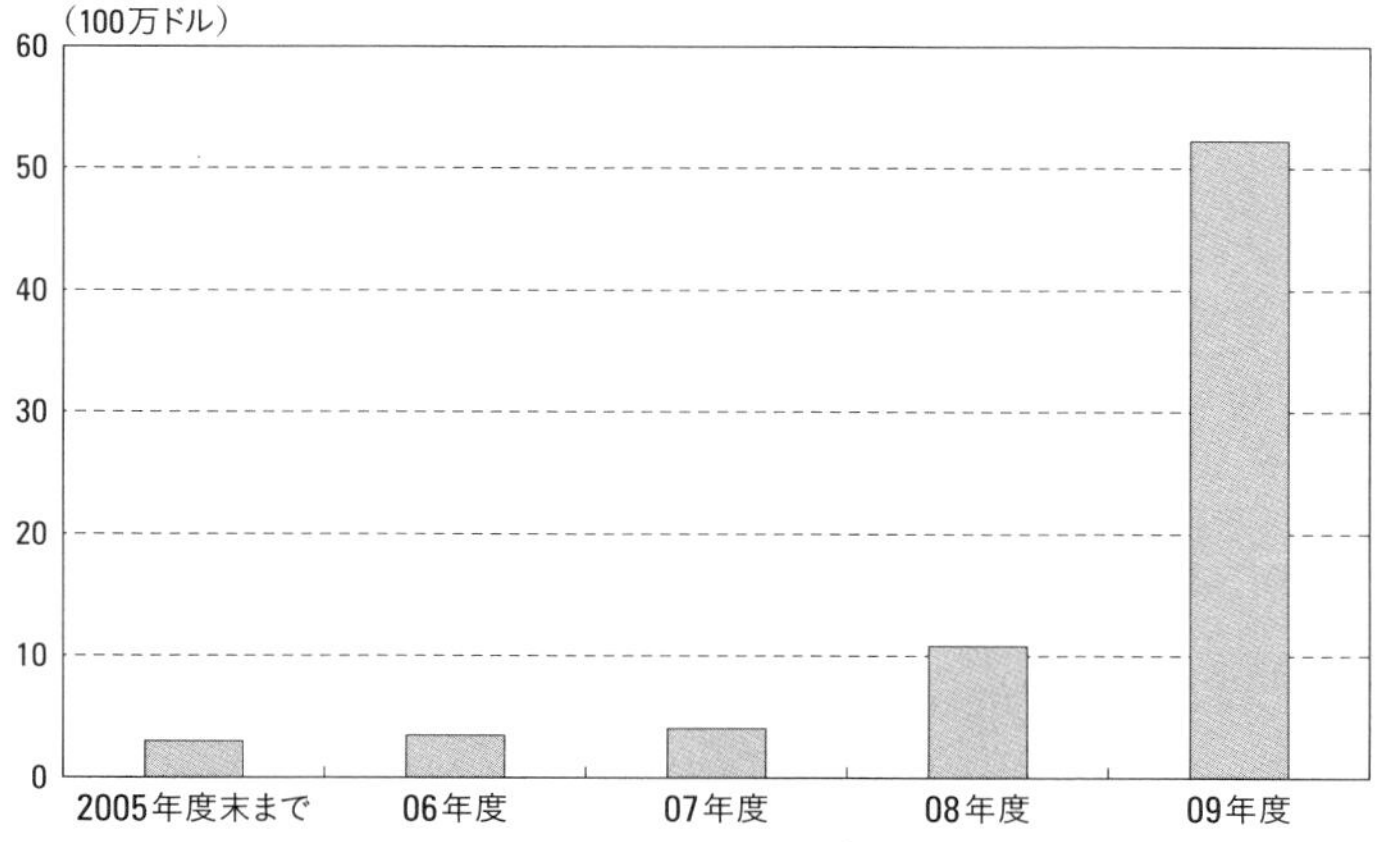

原資料:インド商工省、金額は2000年度からの累計
出典:http://www.jcer.or.jp/international/insideindia20110208.html

図1-3 インドの輸出相手国の内訳

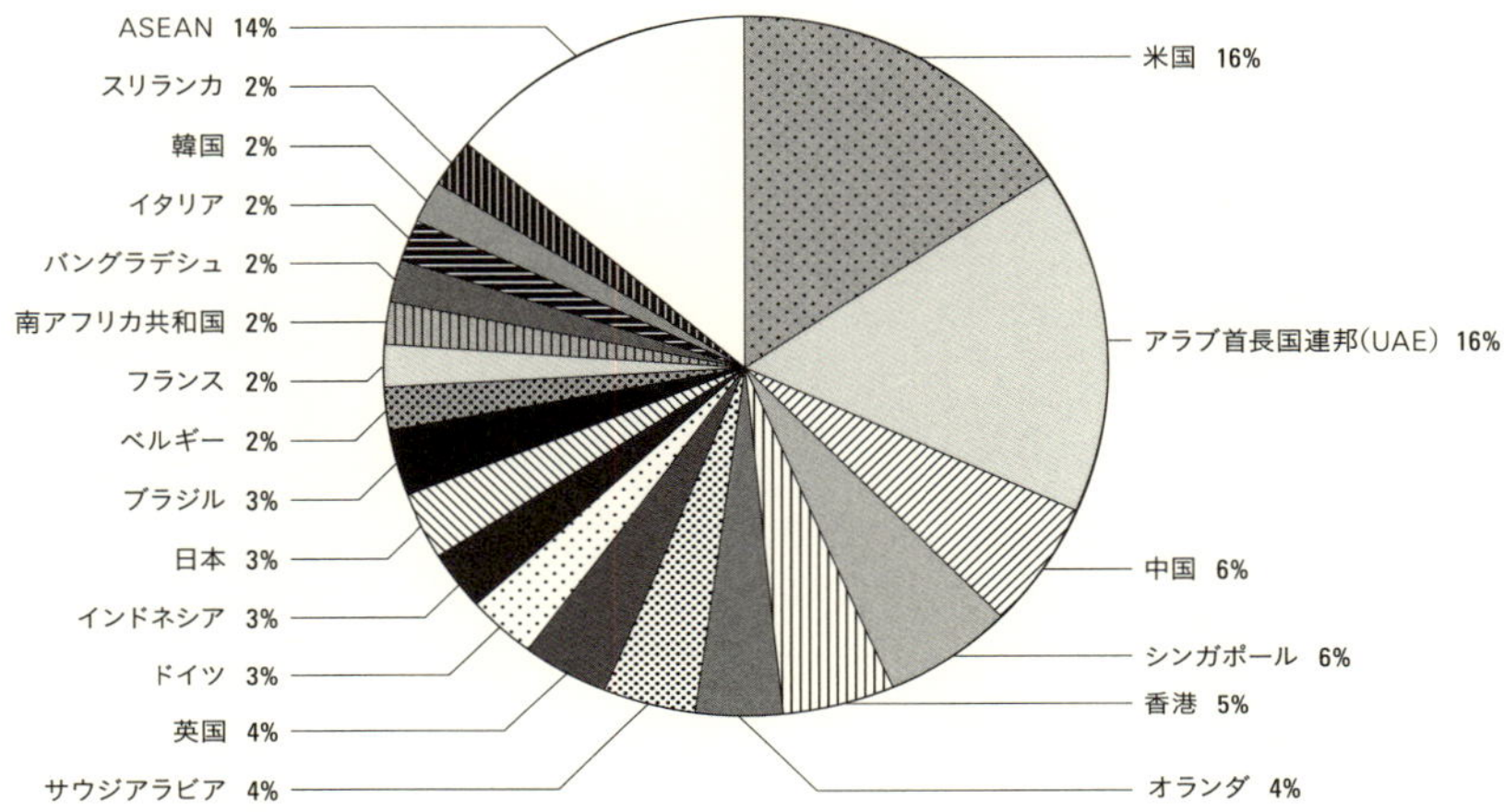

出典：http://www.jetro.go.jp/world/asia/in/stat_02/

以上のような全般的な印中関係の改善にもかかわらず、両国の関係を暖かいものと形容するのは無理がある。両国の外交関係の上述のような安定化は、一九九八年のインドの核実験、さらにインドとパキスタンの間のカルギル紛争などの個別的な事件によって一進一退を繰り返してきた。また、両国間の国境問題でも中国はインドが実効支配しているアルナーチャル・プラデーシュ州の領有権を主張し続けており、二〇〇九年にシン首相が同州を訪問した際にも、中国側はこれに強く反発している。また中国はパキスタンのグワーダル港開発に関与し、スリランカ、バングラデシュへの武器供与も続けている。またミャンマーでは中国は港までの道路・鉄道を建設している。さらに前述にように近年はインド洋への中国海軍の展開をめぐって、インドは神経をとがらせている。実際インドは特定の国と同盟関係を結ぶことは周到に避けつつも、数多くの協力枠組みに入ることで、中国に対するヘッジ戦略をとっており、日米豪印の四カ国の海軍協力枠

図1-4 インドの輸入相手国の内訳

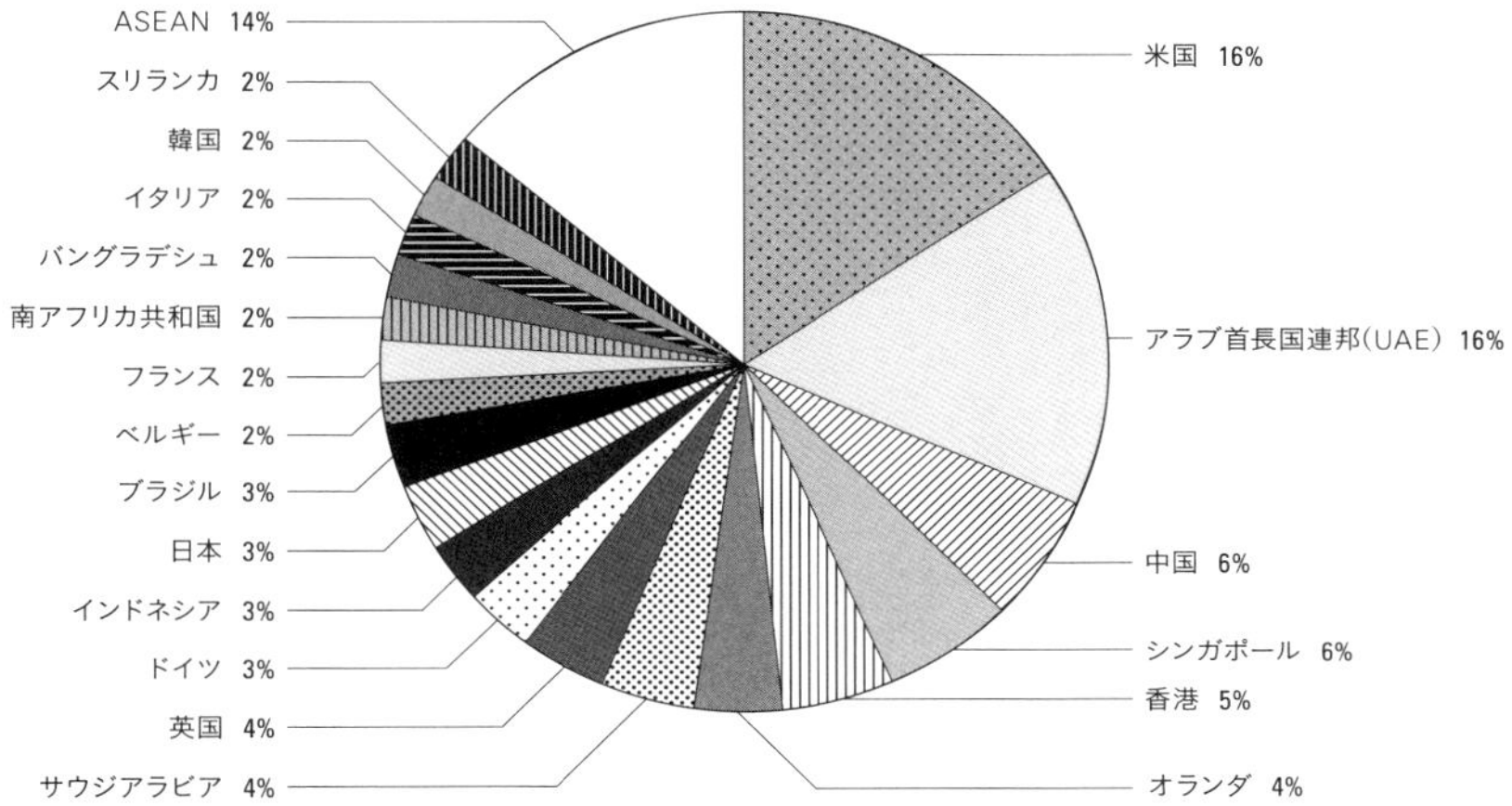

出典：http://www.jetro.go.jp/world/asia/in/stat_02/

組みが形成され、二〇〇七年にはベンガル湾で相当規模の共同訓練も実施された[6]。日印間でも二〇〇八年には日印両首脳が「日印間の安全保障協力に関する共同宣言」に調印し、翌年には日印間の安全保障協力に関する「行動計画」が策定され、海賊対処や共同訓練の実施などについての協力が盛り込まれている[7]。

経済面でも、印中の経済関係では中国の貿易黒字が目立ち、インドから見ればいわば中国の一人勝ちであるという不満もある。とりわけ中国の輸入品に競合するインドの製造業にとっては、中国はむしろ経済的脅威と認識される場合がしばしばである。また中国による直接投資が今後増えると、中国資本がインド社会と直接に接する局面が増えるだけに、さまざまな摩擦や軋轢が起こる可能性も考えられよう。さらに、経済面ではインドも中国もともにエネルギーの大量輸入国であり、エネルギー資源をめぐる争奪が展開される可能性も考えられる。ミャンマーにおける天然ガス田やバングラデシュ沖の海底天然ガス田さらにはパイプラインの敷設などは、地政学的な緊張とも表裏一体の関係にある案件である。

以上のように、二〇一〇年代におけるインドと中国は、両国とも国力の伸長が著しいにせよ、中国が圧倒的に有利であり、そのことは両国によって明確に意識されている。そして印中関係は、実利的な観点から改善への努力が続けられ冷戦後相当程度安定したものの、依然として信頼に基づく関係からはほど遠い。アメリカ中心の世界秩序への反発は共有できるにせよ、相互の不信や猜疑は決して払拭されてはいない。

2 勢力バランスの今後

今後の印中両国の国力の動向を正確に見通すことはもちろん不可能だが、いくつかのありうべき可能性を考えて、その国際政治上の意義を検討することは有益であろう。今日利用可能なさまざまな長期経済予測は、二一世紀半ばに中国がアメリカと肩を並べるか場合によってはそれを凌駕するGDPを誇るようになると予測している。そしてインドが米中に続く一大経済的勢力となるだろうという点でも意見の一致が見られる。

たとえば二〇〇三年にBRICSという言葉を始めて世に知らしめたことで有名な、ゴールドマン・サックス・グループ経済調査部のドミニク・ウィルソンとルーパ・プルショサマンによれば、中国は二〇四〇年頃にアメリカのGDPに追いつき、この頃のインドのGDPはその約四割程度とされている[8]。また、著名な経済史家のマディソンは、中国の経済成長をいっそう高く見積もっており、二〇三〇年にはすでに中国は世界最大の経済大国で、中国のGDP一に対して、アメリカが四分の三程度、そしてインドは四割あまりであろうとするとともに、この三国で世界のGDPの半分程度を占めることを予測している[9]。さらに日本経済センターも二〇三〇年には中国のGDPはすでに世界最大で、アメリカは中国の八割あまり、インド

図1-5 アメリカを100とするGDPの規模に関する3つの未来経済予測

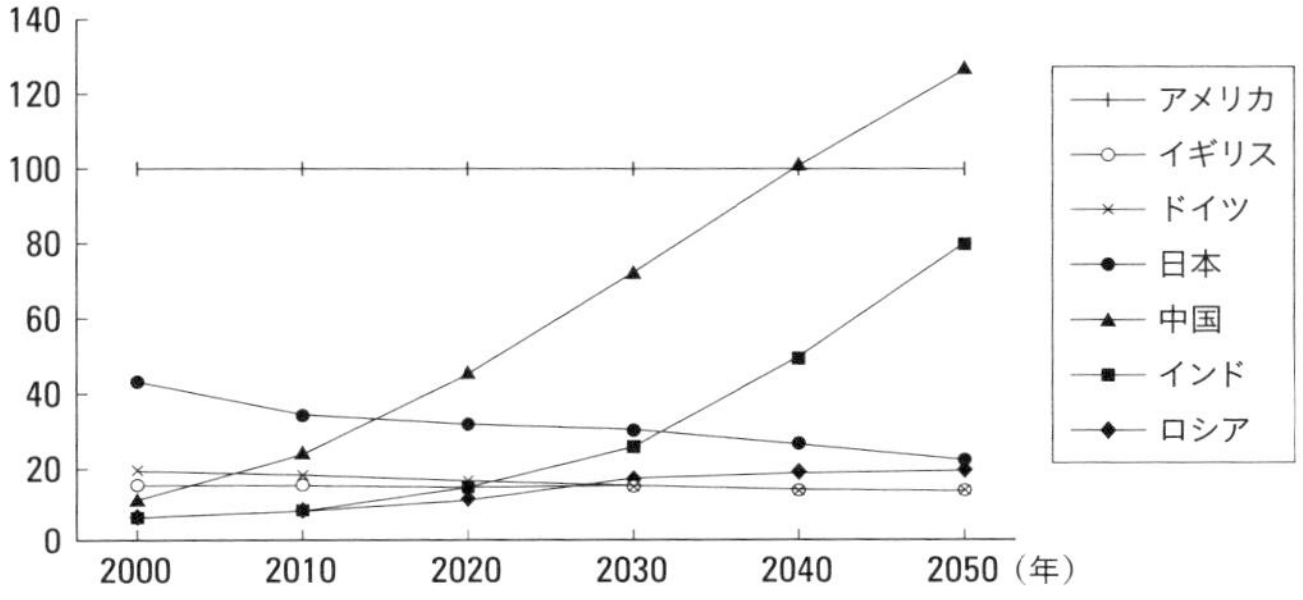

ゴールドマンサックスの予測

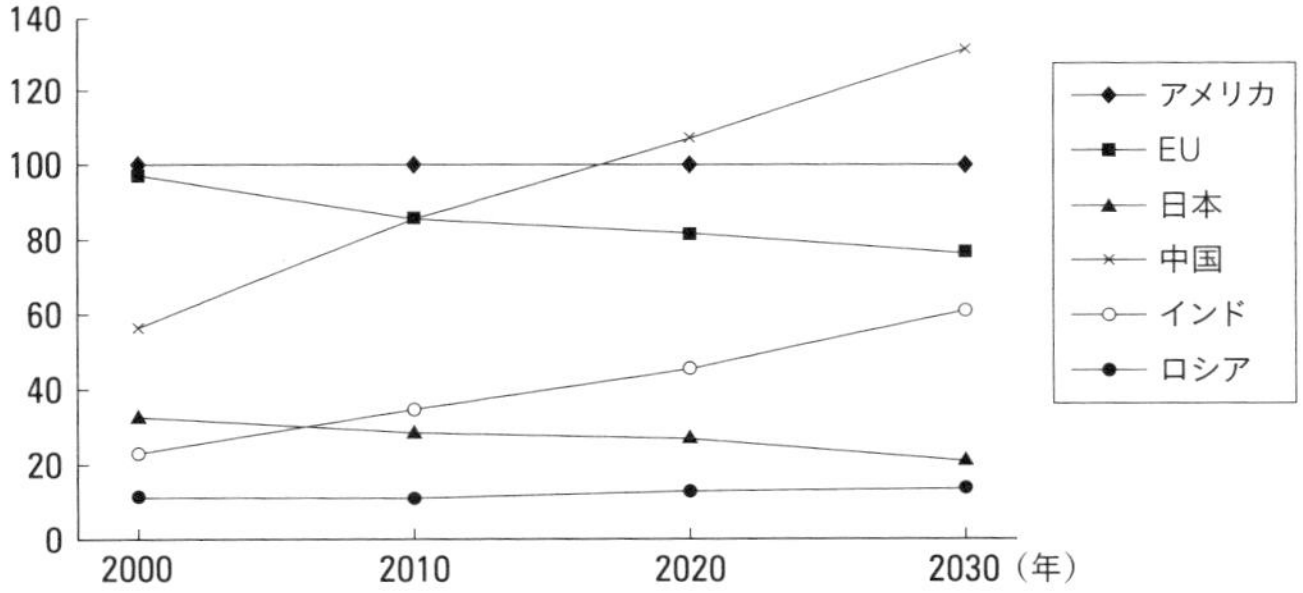

マディソンの予測

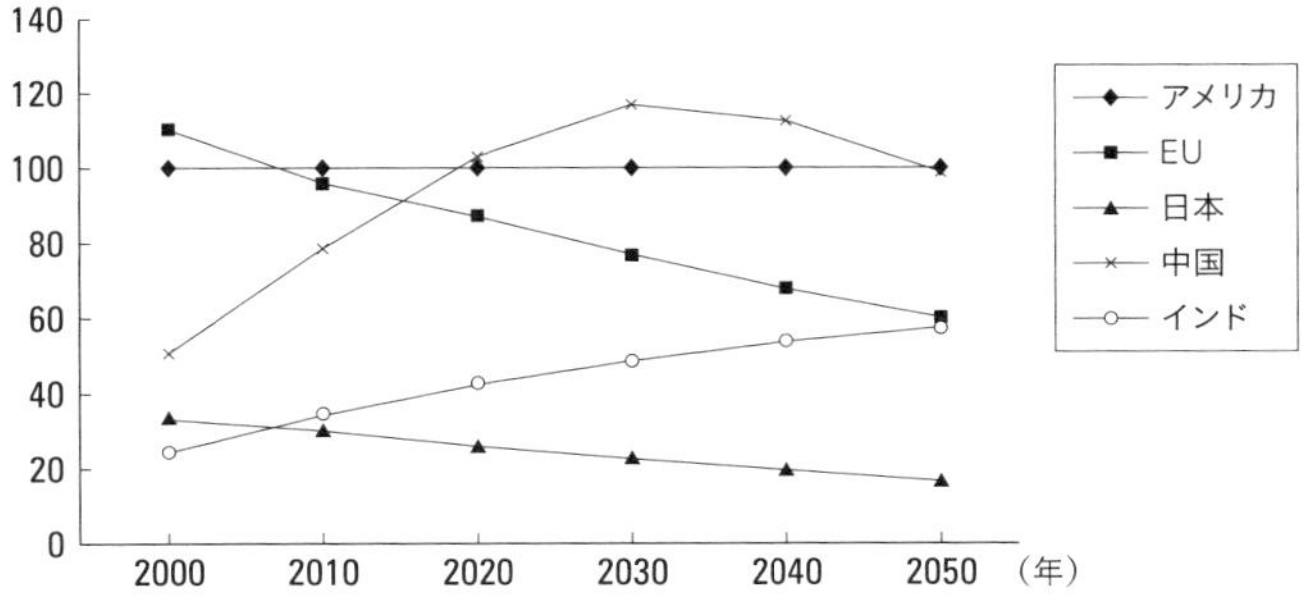

日本経済センターの予測

出典：吉田和男、藤本茂編『グローバルな危機の構造と日本の戦略』、21頁。

は四割程度であると見積もっているが、特徴的な点はその後再度アメリカが中国のＧＤＰを追い越すとされている[10]。さらに、ロンドンエコノミスト誌は、二〇一〇年以降中国がアメリカのＧＤＰに追いつく時期を試算しているが、本書執筆時点での最新の二〇一四年の試算では、その時期を二〇二一年としている[11]。

以上のような長期経済見通しは、多くの場合一人当たりのＧＤＰの成長率をなんらかの方法で仮定した上で、将来にわたって比較的安定していて予測可能性が高いとされる人口動態を加味して算定される。近代化による生産性の飛躍的向上の影響が世界中に広がるにつれて、一人当たりの生産性も平準化される傾向があると考えれば、人口の大きな国がＧＤＰの規模でも優位に立つのは当然と言えよう。もしそうだとすると、世界政治の場で人口がずば抜けて大きい、中国とインドの存在が圧倒的に大きくなるのも理の当然である。しかしながら数十年に及ぶ経済的な実績が正確に見通せないのは、過去の長期予測を振り返るだけで納得できる。また米中印の三カ国の存在が巨大なものであるにせよ、そのことはいずれかの国が世界で圧倒的な優位を占めないということの裏返しでもあり、これらのプレーヤーの力関係によって世界のありようが大きく影響を受けると推論できよう。

また、上記のような三つの長期予測は、ことの性格上、現在姿の見える比較的安定している傾向を未来に投影することしかできない。歴史における一回限りの出来事による、大きな傾向性の変化は当然予測することができない。たとえば大戦争といった災禍は大きく構造的傾向を逸脱させるかもしれない。また大規模な国内秩序の混乱や自然災害も同様の効果があるだろう。さらには、技術革新とその社会的受容のあり方が経済規模に大きな影響を与えてきたことも、一九世紀以降の歴史を振り返れば明らかだが、長期経済予測はそういった出来事を織り込んだり、予測したりはできない。

こういった留保を念頭に置きつつ、ともあれ上記のような標準的な未来予測が妥当する場合をまず考えてみよう。この場合印中のGDPが順調に成長し、両国の勢力バランスはおおむね変化しないが、現在覇権的な地位にあるアメリカおよびその他のG7諸国の相対的な力が低下することになる。すでに述べたようにインドの経済改革は中国に遅れること一〇年あまりである。中国は世界中から直接投資を積極的に受け入れ、世界の製造業の拠点としてすでにその地位を確立しているし、インフラ整備でもインドを圧倒している。このような中国の優位性は今後の経済実績でも影響を与え、インドに対する中国の経済的な優位は今後も維持されると予測することはできよう。もしそうなら、それにはどのような国際政治上の意義があるだろうか。

米中関係が大幅に改善しないなら、インドは米中の覇権争いのキャスティングボートを握るような立場に位置するかもしれない。すでにアメリカは、さまざまな協力枠組みを構築してインドへの関与を強めている。二〇〇四年に両国は戦略的パートナーシップを関係樹立し、翌年には核兵器不拡散条約(NPT：Nuclear Non-Proliferation Treaty)体制から明らかに逸脱する特別な地位をインドに与えた米印原子力協定が締結された。これらは中国に対する牽制を意識してのことであろう。もっともインドとしては、これまで同様、アメリカと協力はしても自身の自立性を制約するような同盟関係は避け、対中牽制の利益を最大限にしながらも、それへのコミットメントは最小限にとどめて、利用されることをあくまで回避しようとし続けるであろう。いわゆる責任回避(buck-passing)戦略である。前述の戦略的パートナーシップ協定も、インドは中国やロシアそして日本を含む二〇カ国との間に締結しており、いずれかの国との関係に深入りして戦略的自立性を失わないように努めているのである[12]。

しかし中国の国力の伸張が著しく、印中の勢力バランスが一層中国に有利に変動すると何が起こるのだろうか。以下のような諸点がこういった中国有利の根拠としてあげられる。第一にインフラの整備の水準である。運輸インフラを例にとると、中国はインドにはるかに先んじている。中国における高速道路建設は一九八〇年代から本格化しており、海外投資や民間投資に加えて公的資金を投入する独自の制度によって道路投資が順調に進んできた。その結果、二〇一〇年には高速道路の総延長は三万五〇〇〇キロメートルに達している。インドでも二一世紀に入って高速道路建設が本格化しているものの、道路予算の規模は中国の一〇%あまりに過ぎず、工事のスピードも遅い。インドにおける鉄道の歴史は中国より四半世紀も早く、一八五三年、ちょうどペリーが日本に来航した年に開業している。イギリスによる鉄道投資によってインドは世界有数の鉄道大国となり、独立時点ではインドの鉄道総延長は中国の二・五倍を誇っていた。二一世紀初頭にその地位は逆転し、今や総延長で中国がインドを大きく上回っているだけではなく、中国が二〇〇七年以降高速鉄道網の整備を開始し急速な技術革新をしているのに対して、インドの鉄道は依然として国営で料金も市場の実勢からかけ離れた低料金が維持されている。そして過剰な従業員を抱えてその労働生産性は中国に遠く及ばない[13]。

また外国からの投資についても、中国の爆発的な経済成長で外資の果たした役割が大きいことはよく知られているが、それを支えたのが外資を優遇し積極的に導入する政策である。他方でインドでも一九九一年以降外資の導入が段階的に自由化され、製造業における外資の誘致が中国に二〇年遅れて開始された。しかし行政手続きは中央政府だけではなく地方政府によるものも多く、進出企業にとっては依然としてきわめて煩瑣であることが常に問題とされる。

このような中国の優位性のかなりの部分は、中国では共産党の一党支配が続いているため、トップダウンで多くの物事が決定できることに由来している。インフラのための用地買収も外資導入も、政治的な決定で一挙に実現できる。対してインドは複数の政党が選挙で争う民主主義体制であり、さまざまな利害が政治的に表出され、法的にも保護されている。地権者の権利を無視して政府がインフラ整備をすすめることはできないし、競争の激化に反対する労働組合や進出する外国企業との競争を恐れる地元の産業の声を、一方的にねじ伏せることは不可能なのである。言い換えれば中国がいわゆる開発独裁体制の利点を享受してきたのに対して、インドは独自のいわば「開発民主主義」をとり続けてきた。それは市場経済による経済開発と民主主義との共存の可能性を試す一つの壮大な実験ともいえよう[14]。だが、独裁の方が経済開発には適しているとすると、中国優位の構図が維持されることになる。

このように中国有利が維持される形で両国の国力がアメリカに接近すると、三つの大国の関係にはどのようなことが考えられるだろうか。印中両国のゴールが力関係の変動によっても変わらないという前提で考えれば、アメリカにとって対中戦略上のインドの戦略的価値は高まることが予想されるとともに、インドとしてはアメリカと比較してより強大になった中国に対するバランシングを強化する誘因が生まれる。バランシング政策は、自国の資源をより多くそのために割くというアプローチ、すなわちインターナルバランシングと同時に、他国との連携を強化するいわゆるエクスターナルバランシングが考えられるが、自国の資源が相対的により乏しい状態になると、インドとしてはアメリカ、そしてその同盟国である日本との協力を強化するエクスターナルバランシングにより多くを期待する力学が作用するものと推定される。

他方で標準シナリオが考えるよりインドにとって有利な方向に、勢力バランスが大きく変動した場合は、どのようなダイナミズムが作用するだろうか。中国と比べてインドの強みとしてしばしば指摘されるのは、人口動態上の条件である。印中ともに一〇億人をはるかにこえる人口を持つ桁外れに巨大な国家だが、今後の人口動態は対照的である。中国では出生率が一九九〇年代前半に人口を維持するのに必要とされる二・一を割り込み一・六程度になっている。その背景にはいわゆる一人っ子政策があると言われるが、急速な都市化による生活スタイルの変化も大きく作用しているものと考えられる。また生活水準の向上に伴って平均寿命も順調に伸びている。このため、中国でも日本同様の少子高齢化が、桁違いの規模で進行することが確実で、すでに二〇一〇年代半ばからは、生産人口に対する未成年と高齢者の比率である従属人口の比率が上昇に転じ、いわゆる人口ボーナスを喪失したものと見られる。他方インドでも出生率は低下してはいるものの、二〇三〇年代にいたるまで人口置換水準を上まるので、二〇二〇年代中には総人口で中国を凌駕するようになるとされている。また人口の世代構成上のゆがみも少ないため、今後も生産人口の比率が上昇し続ける、いわゆる人口ボーナスを享受し続けるものと考えられている[15]。

また製造業では中国にまったく及ばないインドだが、通信やソフトウェアといったサービス分野ではインドが優位に立っていて、国際的な存在感も大きい。そしてインフラ整備や政策決定の迅速性の面では不利とされるものの、インドが民主主義国であることは、さまざまな面で中国にはない有利性を秘めている。インドにおける民主主義が、混乱と不能率に加えて、「上からの市場化」を不可能にしているだけに、官僚主義的な弊害を生んでいる面は事実だが、社会のさまざまな声を吸い上げる民主主義を建国以来維持してきたことは、インドという巨大で多様な国家のガバナンスを考えるとき、むしろその強靭性の源泉であると評価することもできよう。共産党が一党支配を続ける中国にとって、最大の安全保障上の脅威が、およそ海外からの侵略などではあり得ず、本質的に民主的な正統性を欠く国内のガバナンスの維持可能性であるとすると、インドで世俗的な民主主義という制度が確立していることは長期的には大きな優位性であろう。加えて、インドが民主的政治制度を持つことは、アメリカや日本などの諸国にとって、パートナーとして圧倒的に受け入れられやすく、脅威感覚を呼び起こしにくい点も付け加えられよう。

印中がともに成長を続けても両者の勢力バランスがインドに有利になった場合には、どのような政治的力学が作用するだろうか。まずインドとしては中国に対する脅威感が低下するので、バランシングのために他国との連携する動機が、小さくなる力学が作用しよう。加えて、この場合アメリカとその同盟国から、インドの力も不信をもって見られる可能性も考えられる。NPT体制に挑戦したインドの核武装や気候変動枠組会議で中国同様の非協力的な立場をとっているにもかかわらず、中国脅威論に類似したインド脅威論は、少なくとも現在のところ日本でも欧米世界でも滅多に聞かれない。しかしインドと周辺国との関係は、中国が伝統的に自らの勢力範囲と見なすベトナムや日本との関係を思わせる威圧的な部分もある。いかに民主主義国であってもインドが急速に力を増して自己主張を強めたときに、これまでは無視されてきた世界観の相違が表面化する可能性は十分に現実的である。たとえば、二〇一四年のロシアによるウクライナ併合に関して、国連総会は決議六八／二六二を採択し、ウクライナの領土保全とロシアとの併合を認めた住民投票の無効性を訴えた。この決議は一〇〇カ国の賛成とロシア、北朝鮮、キューバなど一一カ国の反対そして五八カ国の棄権で採択されたが、インドは中国とともにこれに棄権しているのである[16]。

こういった世界観の相違は、欧米や日本で注意が払われることはあまりないが、この背景には、インドの力がまだまだ中国に及ばず、中国がいわば風よけの役割を果たしていることが関係しているのかもしれない。だとすると、インドに対するアメリカの見方にも変化があるかもしれない。そしてそうなると中国がこのような変化を戦略的に利用しようとして、アメリカや日本との関係改善に乗り出すかもしれないし、インドとの関係改善に乗り出すという戦略を採用するかもしれない。

ところで、印中共に経済成長が失速するという可能性はどうだろうか。巨大な人口とこれまでの経済成長の実績から長期的な傾向を考えれば、両国の経済失速の可能性は描きにくい。にもかかわらず両国経済の問題を指摘することも難しくない。腐敗は両国共通の悩みで、選挙による政治的チェックも法の支配による立憲的な規律もかからない中国共産党の一党支配体制が、共産党員による違法な蓄財や汚職を助長していることは明らかである。中国指導部も汚職の摘発に努めており、中国自身がその深刻さを認める問題である。他方でインドでも巨大な政府部門と民主的な政治制度の組み合わせによって、市場外で経済的資源を再分配する政治の役割が大きくなることは想像に難くない。一方でこれは社会的安定のために欠かせない政治の役割だが、これが利権の媒介を通じた腐敗を生みやすいことは、日本人には理解しやすいだろう。

中国では長年の驚異的な成長によって、経済の先行きに極端に強気になっていることからすでに過剰な投資が行われていることを指摘する声は根強い。テナントの居ない高層ビル、乗客のないリニアモーターカー、そして極端な水準に達した不動産価格などは、ひとたび価格が暴落すると計り知れない影響を及ぼしそうである。好調な成長によってこれまでは覆い隠されてきた、腐敗、貧富の格差、公害などの諸問題が表面化し、中国共産党の支配そのものが動揺しないとも限らない。またすでに指摘したとおり、中国も急速な都市化や工業化によって出生率が低下したため、人口の高齢化が前代未聞の規模で進行することが確実である。これは日本やヨーロッパ諸国などで広く見られる当然の現象だが、高齢化した人口を支える中国経済は全体の規模は大きくとも、一人当たりのＧＤＰでは中進国の段階でありいっそう深刻な負担となりそうである。

インドは人口動態面では人口構成は若くその規模も増加し続けるのはプラスだし、立憲主義や民主主義的な体制は耐久性で勝ると言えそうである。しかし若年人口の厚みは、それらの人々を十分に雇用できなければ、むしろ社会不安を助長するだろう。またインドの場合も、経済成長が続くと今度は国民の再分配への要求が民主的な政治制度を通じて過剰になるとともに、官僚主義や規制によるさまざまな保護が強まって成長が頭打ちになる、いわゆる中進国の罠といわれる現象が進行しかねない。いずれにせよ両国とも巨大な人口と強烈な自負心持つ対外的には強力な国家でありながら、国内のガバナンスが脆弱であるという共通の弱点を持つのである[17]。

両国がともに経済的に失速し国内統治に四苦八苦するようになれば、グローバルな権力政治のプレーヤーとしての存在感を低下させることになろう。合理的に考えれば、そういった場合には両国がともに対外的野心を抑制するので、相互の警戒感も低下するかもしれない。だが改革開放以前の印中関係が平穏でなかったことを考えると、このような推論にも大きな疑問符が付く。しかも両国ともすでに相当の近代化を実現した核保有国である。再び単なる貧しい巨大な開発途上国に戻ることはないから、国内の政治的不満のはけ口を、対外的な冒険に求める可能性も否定できまい。歴史上近代化のある時点で、対外的野心が過剰になり、時に国内政治の変調と関係して制御不能になるのは、日本の一九三〇年代に限ったことではない。

3 両国の国益観の今後

国力を正確に測定するのが難しいことは周知の通りだが、国益の概念はいっそう明確性を欠く。しばしば国力の追求こそが国益であるという定式化も行われるが、国益(あるいは国家が長期的に追求しようとする目標)と、それを実現する手段である国力とは区別されるべきであろう。もちろん国家は、力関係に応じてその行動を調整するだろうが、国家の持つ基本的な属性の相違によって、その調整も一様ではないだろう。ここで考察している三つの巨大な国家の関係も、それらの追求しようとする目標がどれくらい両立可能か、あるいは相互に緊張をはらむものかによって大きく異なることが考えられる。

この点を考える際に第一に指摘されるべきは、アメリカ、中国、インドの三カ国はいずれも、それぞれの独自の世界観に強い自負心を持つ国であり、外部からの影響によってそれらが変化しにくい国であるという点である。この点は、比較的同質的な国家から国際システムが構成された、一八~一九世紀のヨーロッパの古典外交とは異なっている。異質な主要国によって国際システムが構成された実例としては、米ソの冷戦体制が典型的な例だが、ヨーロッパにおける宗教革命以降のカソリックとプロテスタント諸国家の関係や、トルコ帝国とヨーロッパ諸国との関係などが思い浮かぶ。

アメリカが自由と民主主義の総本山として、世界の中で特殊な使命やそれに伴う特殊な優越性を持っているとするアメリカ例外主義は、それを実際どれほど行動に移すかどうかはともかくとして、今後もアメリカの基本的な世界観を規定し続けるであろう。確かに歴史的には孤立主義的政策が採られた時代も長かったとも紛れもない事実だが、アメリカのアイデンティティは建国の理念にあり、合衆国憲法に象徴される民主主義的な政治制度にある。その民主主義は、普遍的に正しい理念である以上、こういったアメリカのあり方には、常に他国に民主主義を伝道しようという拡張的な力学が潜在していると言えるかもしれない。もっともそれは、他国を自国と同様の姿に改造しようとする普遍主義的な衝動であり、他国を自国より劣ったものとして階層的な秩序に組み入れようとするものではないということも原則としては一応主張できるだろう。

他方、中国にこれに相当する普遍的なビジョンはないといってよいだろう。「中華民族の偉大な復興」の具体的な内容は不明で、中国の指導部自身もこれをしっかりと定式化しているわけではない。だが少なくとも階層的な世界イメージが基本的にあり、その階層でアメリカと同格の大国としての地位を認知されることが当然のあるべき中国の姿だという認識はある。そしてより具体的には、中国はかつて朝貢体制下にあった東アジア全域で、アメリカの影響力を排除して自身の覇権的秩序を再建することが本来あるべきアジアの姿であるというイメージが、暗黙裏に前提とされているものと想像される。

インドの場合も、「諸民族の共同体や国際機関において正当な地位を占める」[18]とか「多極化した世界を創造しその中の一極の地位を占める」[19]、「国連安保理の常任理事国となる」[20]といった目標は意識されているし、イギリスからの独立運動を経て非同盟運動の盟主として国際社会で重きをなした経験から、主権の尊重や国家の自律性の維持は強く主張する。とはいえ世界全体の秩序のあり方について、これといったビジョンはいまだに聞かれないし、南アジアの問題に他国が容喙するべきではないという態度に、中国との相似性を見ることもできよう。

したがって普遍的なイデオロギーを持たず、大国として認知されて当然だという欲求が国益観を支配している印中両国との関係で、アメリカが冷戦期のようなグローバルなイデオロギー的対立を引き起こすとは考えにくく、常に交渉による行動の相互調整は可能であろう。にもかかわらず、このように巨大な国力、人口、さらには戦略縦深を持つ三国は、いずれも強力な自己主張と必要ならば一方的に行動する能力と意思を持っている以上、世界観や国益のなんらかの永続的な調和が形成され、EUや米加関係に見られるような安全保障共同体が形成され、それが構造化されることはありそうもない。

それでもアメリカの国益との両立可能性という観点から、印中を比較するとどのような構図が描けるだろうか。アメリカから見てインドとの関係で安心できる大きな材料は、どれほど自己主張が強くとも民主主義的な政治制度を建国以来維持し続けてきたことである。またインド人は旧宗主国が英国であったことによって、英語の支配する国際社会のエリート層で、中国人よりも圧倒的に大きな存在感がある。国際機関、欧米の有力大学、それに多国籍企業で枢要な地位を占めているインド系の人々は数多い。またアメリカにおけるインド系市民は州知事を出しているほど有力で地元に根付いた存在となっている。加えてすでに触れたように、現在の米印の国力の差は大きく、さしあたって地政学的な対抗関係にはないことも、米印の比較的良好な相互認識を支えている要因であろう。

しかし今後のインドの経済成長がもっとも楽観的な見通し通りの成長を遂げたとしても、予見しうる将来にわたってインドの一人当たりのＧＤＰが欧米や日本などの水準に匹敵するところまで達する可能性は高くない。だとすると、今後長期にわたってインド社会と欧米や日本の社会の肌合いは相当異なったものであり続ける可能性が高い。政治制度の親和性にもかかわらず、インドの国益観を領土や資源の確保といった近代的で競争的な価値が支配するなら、米中はもちろん米印といえども国益観の調和に過剰な期待はできまい。両国関係はあくまで戦略的な利害計算に基づいたドライなものであり続けると推論すべき根拠がここにある。

このような構図が変化することはもちろん考えられる。米中関係が劇的に改善し、米印関係が悪化するとすれば、どのような条件が考えられるだろうか。インドの民主主義が良好な対米関係を保証しないことは、冷戦後のある時期にアメリカで一世を風靡したいわゆる「日本異質論」一つを見ても明らかであろう。アメリカ人にとって、日本が他者の代表的なものとなったように、インド社会の他者性がことさらに強調されることも十分に考えられる。ただ、日本異質論がアメリカで一時熱病のように流行したのは、冷戦の終焉やアメリカ経済への自信の喪失といった条件が背景にあった。同様に現在の米印関係と米中関係の逆転が起こるとすれば、地政学的変動や勢力バランスの変動と共振した場合である可能性が高いであろう。そういった一つの条件に、一九七〇年代に起こったような米中関係の劇的な改善が考えられるし、逆にインドの勢力が著しく有利に展開し、それによってインドとアメリカの地政学的対立が全面に押し出されるような事態も考えられる。実際一九七〇年代以降米中は対ソ警戒を共有する疑似同盟関係にあり、それに対してインドはソ連との友好関係を重視していたため、米中関係の方が圧倒的に親密であったのである。

しかしより可能性が高そうなのは、印中関係が大幅に改善し、それによって両国の対米関係が悪化するという事態だろう。印中の経済関係の劇的な拡大によって、印中間には経済的利害を共有する部分が拡大している。そういった利害の共有は、両国のエリートの意識を変動させて、両国関係を改善するエネルギーを生

図1-6 アメリカを100とする1人あたりGDPの規模に関する3つの未来予測

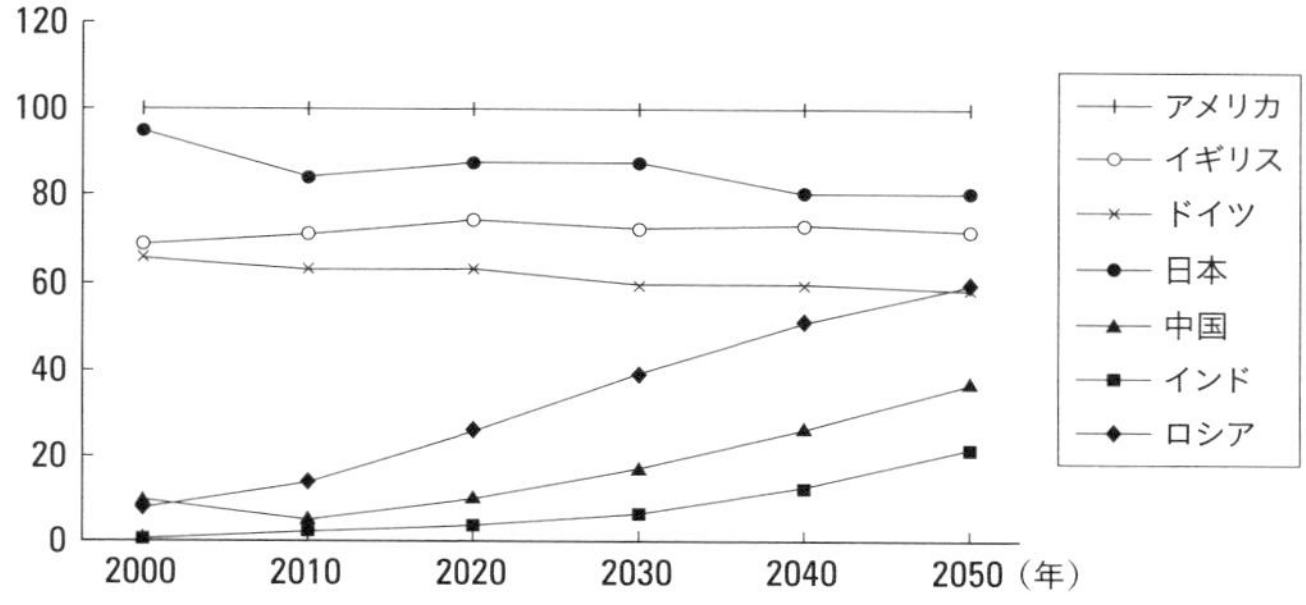

ゴールドマンサックスの予測

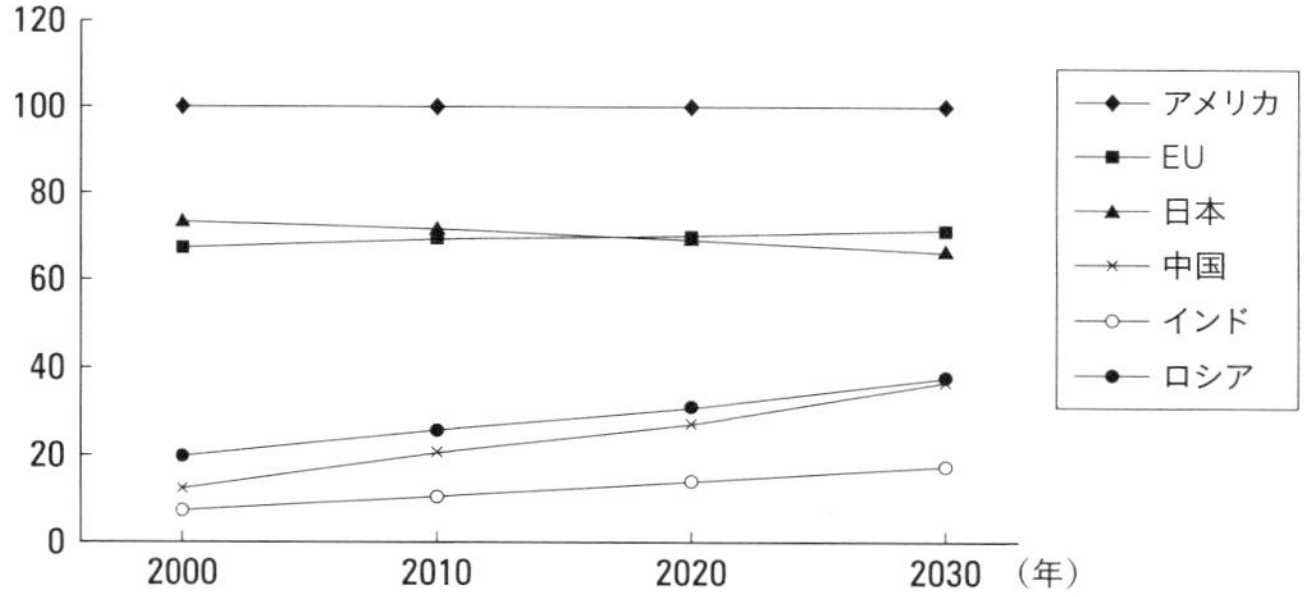

マディソンの予測

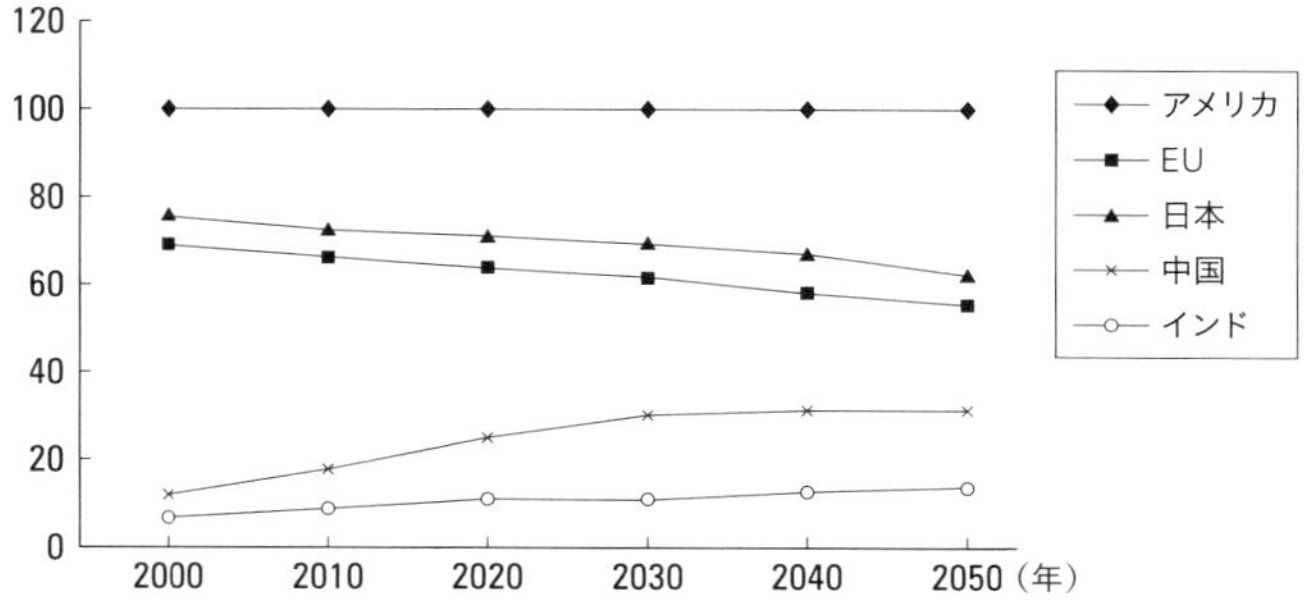

日本経済センターの予測

出典:吉田和男、藤本編、25頁。

むかもしれない[21]。またグローバルな文脈では印中は欧米中心的な国際社会のあり方に、ともに挑戦する立場にある。たとえばG7諸国が主導してきた国際経済体制の管理については、G20の枠組みで「開発途上国の代表」としてのアイデンティティを共有するかもしれない。また開発問題では、中印は協力してBRICS銀行を設置してOECD主導の体制に一石を投じている。気候変動の問題では、ともに今後エネルギー消費の急激な増加が見込まれる両国は、発展する権利を主張して、先進国が引き起こした問題の費用を自国が負担するのは間違いだという立場で一致している。

しかしこのようなグローバルな立場の共有が両国の国益観を支配するようになるには、国境問題、チベット問題、中国とパキスタンの協力関係、さらにはインド洋への中国の進出といった、深刻な印中二国間の対立が円満に解消されねばなるまい。またグローバルな場でも、印中両国の一人当たりのGDPの今後の推移から考えると、豊かなポストモダンな社会への道は遠く、両国とも国際社会の常態は領土や資源などの争奪戦であるとする競争的国益観が有力であり続けると見るのが無難であろう。またグローバルなレベルでも協力関係も、かつて冷戦下における非同盟運動における両国の激しい軋轢を考えると、その将来性には疑問符が付く[22]。しかもグローバルなレベルでも両国の国益が調和しない可能性を考えることは難しくない。たとえば中国は国連安保理において常任理事国として特権を享受しているが、インドは日本同様、常任理事国ではない。今後中国がインドの常任理事国入りを受け入れることを想像できない訳ではないが、日本の試みに示した激しい反対ぶりを考えれば、中国が国連での特権をインドと分かち合うのも容易ではなかろう。

最後にもちろん印中米の三大国のすべてが、基本的国益を共有し、二国間の関係がすべて改善した上に安定することも論理的な一つの可能性である。それぞれの国とも、全面的な対立を避けたい動機は、平和が望ましいという一般論に尽きるものではない。いずれも国際社会の巨大なプレーヤーであることが宿命づけられた大国であり、決定的に相手を屈服させることはどのみち不可能な相手であるとともに、経済的には、程度の差こそあれ相互に有益な関係を維持したいという当然の動機がある。であれば勢力圏の相互承認による平和共存といった関係が考えられるが、すでに見たように印中が二国間の勢力範囲に合意できるかどうかは大いに疑問である。その点アメリカは直接的な国境問題はいずれの国との関係でも存在せず、いわば戦略的な距離のある位置にあることは好条件である。にもかかわらず、アメリカが他国の勢力圏を承認するとなれば、第二次世界大戦で日本をやぶった結果アメリカの海とした太平洋の少なくとも西部を、中国の海とすることを覚悟せねばなるまい。

おわりに

本章は、もとより印中両国それぞれの対米関係の将来を予測したものではない。ここで試みたのは、世界秩序のありようを左右するであろう三国関係を支配する力学の大雑把な構図を、ありうべき国力と国益観の変動によって描く一つの思考実験にすぎない。しかし今後この三国の関係が世界の地政学的な構造を規定する度合いが高まることは、かなり無難な見通しであり、少なくともそれはわれわれが準備しておくべき未来の可能性であることは確実であろう。その際重要なことは、それぞれのプレーヤーは、それぞれ地理的に孤立した存在ではなく、相互にますます密接な交流をするとともに、皆異質で強靭な性格をもっていることである。きわめて密接に相互に依存しながら、同時に異質な存在であるこれら三つの国の関係は、その意味でこれまでわれわれが慣れ親しんできた近代的な外交関係とも、相互に孤立した帝国からなる古代の文明圏の鼎立とも相当ことなった世界となりそうなことである。

註

1—Walter Russell Mead" The Return of Geopolitics, The Revenge of the Revisionist Powers", *Foreign Affairs*, MAY/JUNE, 2014.

2—UNDP, *Human Development Report 2013*, http://hdr.undp.org/en/2013-report.

3—IISS, *The Military Balance* (2013), p. 286 and 297.

4—浦田秀次郎、小島真『インドと中国——二大新興国の実力比較』日本経済新聞社、二〇一二年、二九〜三一頁。

5—Mohan Malik, *China and India - Great Power Rivals*, First Forum Press, 2011, pp. 145-146.

6—Amardeep Athwal, *China India Relationship - Contemprorary Dynamics*, Routledge, 2008, PP

7—日印の海軍協力については、『平成二六年版防衛白書』二八三〜二八四頁。

8—Dominic Wilson, Roopa Purushothaman, "Dreaming with BRICs: The Path to 2050", *GS Economics Paper* No. 99, October, 2003. http://www.goldmansachs.com/korea/ideas/brics/99-dreaming.pdf. 二〇一四年一〇月一日アクセス(以下同)。

9—Angus Maddison, *Contours of the World Economy*, 1-2030 AD, *Essays in Macro-Economic History*, Oxford University Press, 2007.

10—日本経済センター『人口が変えるアジア——二〇五〇年の世界の姿』日本経済センター、二〇〇七年。なお、ここで挙げた長期経済見通しの比較検討については、以下の文献を参照。田所昌幸、岑智偉、藤本茂「中国の台頭と世界の秩序変動——未来に学ぶ」吉田和男、藤本茂編『グローバルな危機の構造と日本の戦略』晃洋書房、二〇一三年。

11—*The Economist*, August 22, 2014, http://www.economist.com/blogs/graphicdetail/2014/08/chinese-and-american-gdp-forecasts

12—堀本武功「冷戦後のインド外交——「第二次非同盟」と対米・対中外交」『国際問題』六二八号、二〇一四年一、二月、五〇頁。

13—浦田秀次郎、小島真、前掲書、三九〜四六頁。

14—田辺明生「開発民主主義の挑戦」『アステイオン』七七号、二〇一二年。

15―この点については、たとえばCharles Wolf, et., *China and India, 2025: A Comparative Assessment*, RAND, 2010, Chapter 2.

16―UN Resolution, A/RES/68/262, 27 March 2014. 同決議の投票結果については、UN Document, A/68/PV.80を参照。

17―たとえば、ルチル・シャルマ(Ruchir Sharma)は、中国経済の一大崩壊はなくとも、一〇%を超す経済成長率はもう望めず、せいぜい六〜七%程度としている。中産階級が十分に成長していないまま、過剰投資によって資産価格が上昇しすぎ、これが社会不安や労働問題を悪化させるとしている。他方インドについても、市場化が不十分で官僚的非効率性が蔓延しているため、中進国の罠から突き抜ける(ブレークアウト)可能性は五分五分としている。Ruchir Sharma, *Breakout Nations: In Pursuit of the Next Economic Miracles*, Penguin, 2012、ルチル・シャルマ『ブレイクアウト・ネーションズ』早川書房、二〇一三年、二〜三章。

18―*BJP Manifest 2014*, p.39, http://bjpelectionmanifesto.com/pdf/manifesto2014.pdf

19―*BJP Manifest 2004*, p.23, http://bjpelectionmanifesto.com/pdf/manifesto2004.pdf

20―*Your Voice Our Pledge*, Indian National Congress Party Manifest 2014, p.47, http://inc.in/images/pages/English%20Manifesto%20for%20Web.pdf

21―たとえば、Amardeep Athwal, *China-India Relations*, Routledge, London, 2008, pp. 109-119を参照。

22―John W. Garver, *Protracted Contest: Sino-Indian Rivalry in the 20th Century*, University of Washington Press, 2001, pp. 123-133.

なお、本章は、平成二六年度科学研究費助成事業(基盤研究A)「対立する国家間の経済的相互依存：緊密なシステムのヘテロ化による諸影響」による研究成果である。

インド・および周辺地域の主要都市・港湾施設

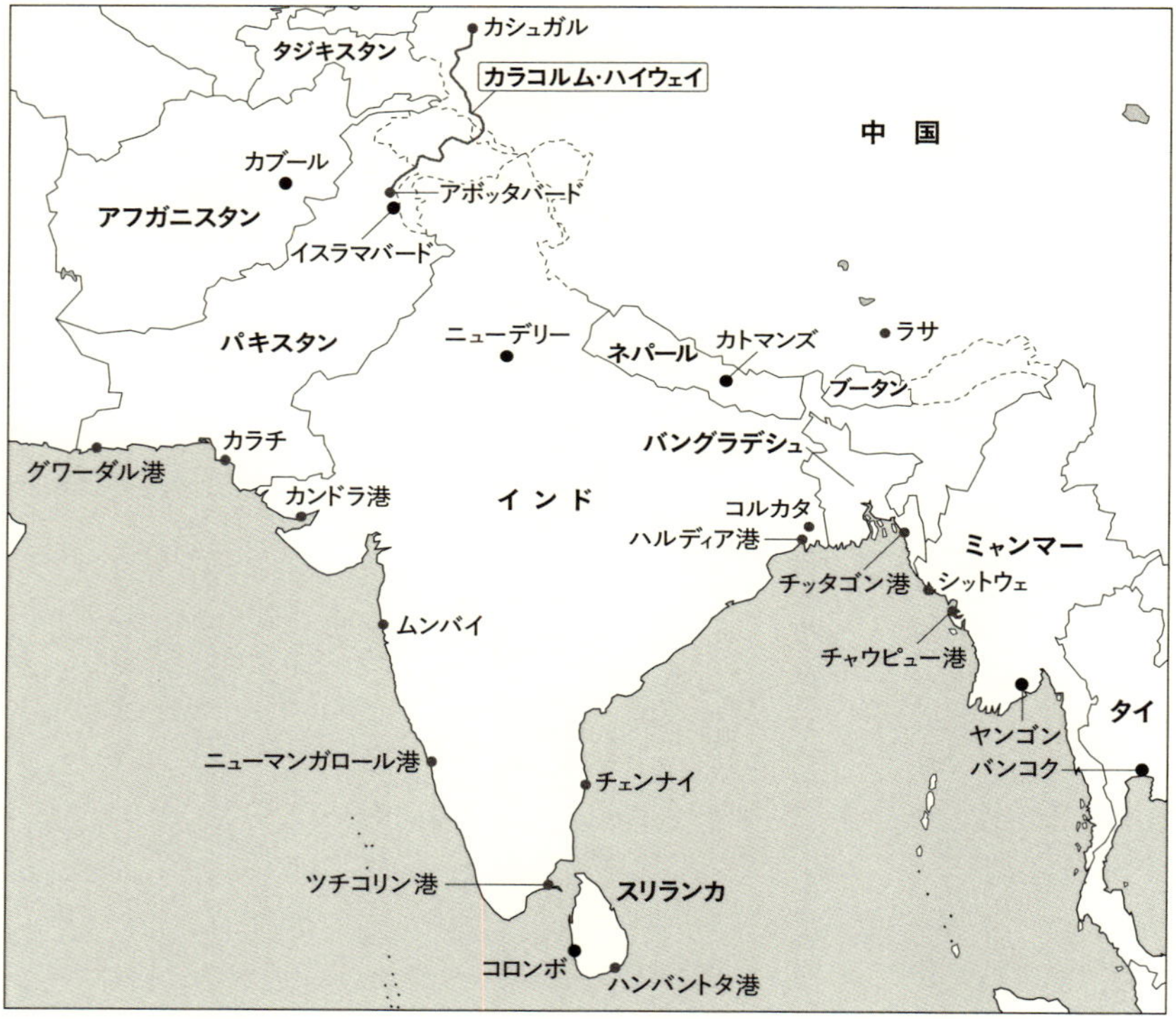

第2章 インドの中国認識

マリー・ラール *Marie Lall*

はじめに――インドの対外政策の起源

インドの対外政策は、冷戦初期、米ソという超大国の対立の陰で形成されたと言える。独立インドの初代首相ジャワーハルラール・ネルーの対外政策の目的は、二つの超大国の間でバランスをとり、その干渉に抵抗することにあった。

非同盟運動は、インドが依拠していた原則であるとともに、インドの反植民地主義の理想を海外に広めるためのプラットフォームであった。また英連邦の一員として、英連邦を国際政治の一つの勢力として発展させること、そして経済的に自立することや、中国との協調を維持することなども、冒頭に述べた大目的を達成するための方策だったと言えるだろう。いずれにおいてもネルーはおおむね成功を収めたと考えられるが、一点、中国との協調だけは例外だった。

初期のインドの対外政策には地域レベルと世界レベルという重層的なパターンがあった。二つは大きく異なる基礎の上に展開され、近隣諸国との関係において、前者では著しく現実主義的な政策がとられたのに対し、後者ではより道徳主義的な政策が選択された。地域における外交政策は、インドが地域の覇権国であるという事実に基づいており、その地位を維持するためにはあらゆることが行われた。他方でインドは、南アジア地域を超えた世界的な役割を果たす第三世界のリーダーを自認していた[1]。ただ、インドの対中政策はこうしたパターンにうまく適合しない。中国は隣国とも、世界大国ともみなされず、南アジアの覇権国インドと同格の東アジアの覇権国とみなされたからである。

ネルー首相の後、インドのグローバルな対外政策の効果は薄れ始めた。インドは変わらず南アジアの覇権国、そして非同盟運動のリーダーであり続けたが、そういったことの重要性がグローバルな文脈で低下してしまったのである。その後およそ半世紀の間、インドは過剰人口を抱える貧困国として重要視されなくなった。道徳的な優越や途上国の中でのリーダーシップ、それに経済的自給自足といったネルーのグローバルなビジョンの魅力は色あせてしまった。インドを取りまく世界は変化し、諸々の原則は徐々に時代遅れのものとなっていったのである。

インドの対外政策の変化は、一九九六年に成立した「統一戦線（United Front）」政府時代に始まり、インド人民党（BJP）を中心とする諸政党が連合して九八年に成立した国民民主同盟（NDA）政権下で、より明確なものとなった。変化の背景には、九一年からの経済改革があった。同年からインドは市場開放を開始し、経済成長が自給自足に代わるインドの対外政策の優先目標となったが、インドの新たな対外政策はこれに留まらなかった。アメリカとの交渉を経て、インドは核兵器保有国として認知されるようになった。これによってインドは世界大国の地位に向けた大きな一歩を踏み出し、かつてのネルーの構想を、彼が思いもしなかった形で達成することになったのである[2]。

インドの地位が変化するのにあわせ、中国との関係もまた劇的な変化をみせた。以下ではまず、両国の関係を概観し、その際、両国関係の特徴を決定づけた一九六二年の中印戦争について若干詳しく論ずる。その上で、国境紛争、貿易、エネルギーといった問題やインドの近隣諸国に対する中国の影響力、さらにはインド洋における中国の影響力の出現といった諸点を検討する。

1 印中関係と中印戦争(一九六二年)

これまで数十年にわたり、インドの対外関係にとって中国要因は最大のフラストレーションであった。ともにアジアの巨人である中国とインドは、古代文明を誇りとし、一九四〇〜五〇年代の経済的後退に苦い思いを抱いていた。中国はインドの隣国であるが、地理的にはヒマラヤ山脈に隔てられていて、南アジアの一員というわけではない。だが、インドと中国は自然なライバル同士であり、その関係は常に問題含みとなる宿命的な要素がある。ネルーは中国との友好政策を掲げる政治的姿勢をとり、戦後新たに誕生した共産中国の孤立を避けようとした。そうすることで、印中の協調が第三世界の新たな独立国を牽引するという、平和な世界秩序の構築を目指したのである[3]。この時代インドは一貫して、国連における中国代表権問題で中国を支持し、台湾が中国の一部であるという中国の主張を認める立場をとっていた。また、五〇年に中国がチベット支配を開始した際にも、ネルーは行動を自制した。これは、ネルーが印中友好について掲げた印中の「兄弟(bhai-bhai)関係」というビジョンによるものであった。

一九五四年、印中両国はチベットについて協定を結び、「平和五原則」を宣言した。これは、平和共存に関する五つの原則、領土・主権の相互尊重、相互不可侵、相互内政不干渉、平等互恵、平和共存のことである。

ネルーとしては、「中国を国際政治の風にさらし、その孤立政策と軍事力を鈍らせる」[4]ことで、中国の潜在的脅威を減らしたかった。そしてインドは領土的・イデオロギー的野心を持たないとした上で、印中両国は協力関係によってあらゆる利益を得ることができると強調したのである。

しかし一九六〇年代には国境問題をめぐって両国の対立が深まり、六二年には本格的な戦争へと発展し、インドは手痛い敗北を喫した。「インドを敵意に満ちた憎悪の対象とし、非同盟運動を挫折させてその権威を失墜させ、ネルーの威信や彼が拠って立つところのすべてを崩壊させることが、中国の対外政策の目的となった」のである[5]。中国の軍部はインドを障害とみなし、他の第三世界諸国にも同調するよう求めた。そしてインド政府の信用を貶めるため、中国政府は以下のことを証明しようとした。すなわち、インドの対外政策は完全に反動的になっており、非同盟運動は神話にすぎず、インドの経済危機は深まりつつある、と。また中国は、ソ連政府に対しこれ以上インドを支援しないよう説得し、アジア・アフリカ（AA）諸国におけるインドの影響力を弱体化させることを求めた[6]。その後、中国は従来の立場を転換してパキスタンに接近し始め、パキスタン政府への軍事的・経済的に主要な支援国の一つとなっていった。

一九六二年の戦争で屈辱的敗北を経たインドの国民は、中国との相対的に協調的な関係の構築を目指しても必要な安全保障を得られず、また理想主義は現実主義の代わりとはなりえないと認識するようになった[7]。

一九六二年以降、インドの指導者らは目標を切り下げて、南アジアの戦略環境を整備することに専心するようになった。同年の軍事衝突により、インド国民は、ネルーやメノンがパキスタンを主要な地政学上の懸念だと強く強調してきたことの意味を再評価するようになった。また、この衝突により、中国の圧力に対してインド北東部の守備を強化することの重大性をも認識するようになった[8]。

この戦争での敗北により、インドの対外政策は多くの面で根本的な変化を遂げた。まず、インドがじかに国境を接する隣国、パキスタンと中国──両国とも非同盟運動の一員ではない──に脅威を感じることから、近代的な防衛力や、究極的には核開発の整備が必要とされるようになった。

その頃から、インド外交の多くの面で、南アジアにおける中国のプレゼンスを監視することに焦点が当てられるようになり、可能な場合には中国の影響力を削ぐということが期待された。パキスタン、スリランカ、ネパール、ミャンマーでの中国の影響力は、インドにとっては中国が「包囲政策」を進めている証左であり悩みの種であった。

また、一九六二年の戦争の影響はアジアに留まるものではなかった。外交的には、AA諸国の枠組みが、この中印戦争中も戦後も死活的に重要となった。中国は、世界においてインドを孤立させようとしていたので、インドはアフリカ諸国の支持をつなぎとめておくべく、そのナショナリズムやパン・アフリカ主義的な目標に対して明確な支持を表明しなければならなかった。ただ、この戦争に対するアフリカの反応は複雑であり、アフリカ諸国との関係は、インドが信じるほど強力な同盟関係でないことが明らかとなった。また、インドとしては、南アフリカでの民族解放運動への物質的支援を強化したり、アフリカ諸国との経済的連携を拡大したりすることで、アフリカにおける中国の影響力の浸透に対抗せねばならないことも理解するようになった。七〇年代に、インドが技術・経済協力の一連のプログラムを開始したことは、中国外交へ対抗することを目的としたいくつかの柱からなる取り組みであったが、政治的な急場しのぎによって進められることがほとんどであった。

さらに、一九六二年の戦争はインドと超大国の関係にも影響を与えた。七一年～七二年のニクソン、キッシンジャーによる対中接近により、インドとアメリカの関係が悪化した。そして印米関係が悪化する一方で、印ソ関係は改善したのである。実際、インドの対中恐怖の高まりにより、同国はソ連との同盟に近づくことになったと示唆されている。

しかし印中関係は一九七〇年代末には改善し始め、八八年には当時の首相ラジブ・ガンジーが北京訪問を果たすところまで行った。そして九三年には、中印国境地域で「国境実効支配線（ＬｏＡＣ：Line of Actual Control）の平和と平穏の維持に関する協定」が結ばれた。そして九六年には江沢民国家主席が訪印し、両国は「建設的なパートナーシップ」の構築に合意した。しかし、九八年にインドが核実験を実施すると、こうした印中関係の改善の動きは中断した。

中国は、戦略面ではインドより強国であることからインドをそれほど気にかけておらず、インドとの関係を改善する必要もないことが年を経るにつれ明白となった。一九六二年から今日にかけての印中関係で目立った変化は、九八年のインド・ポクランでの核実験、そして二〇〇八年の米印原子力協定批准によるものであった。インドも中国同様の核保有国になったことによって、印中関係は深刻な悪化をみたのである。中国の専門家の多くは、以下のように指摘する。中国を困惑させるのはインドの核実験ではなく、中国がその核実験の主要な原因といわれることであり、これにより「中国はインドとの外交戦争に駆り立てられた」[9]。核実験から一〇年後の米印原子力協力協定の妥結によってインドはアメリカ寄りとなり、かつてインドが拠った中立の立場は放棄された。だが核実験と米印原子力協力は、あとで見るように中国に対するインドの地位を強化するというより、むしろ後で述べるように、事態をより困難なものとすることとなる。

2 国境問題

インドと中国の国境は三四八八キロメートルに渡る。まず、西部では、インド側のジャンム・カシミール州と、チベット自治区・新疆ウイグル自治区をわけるところに国境線がある。この地域では、インド側は、中国が四万三〇〇〇平方キロメートルを占領しており、そのうち五一八〇平方キロメートルがパキスタンへ不法に譲渡されたと主張している。次に、インド中部では、インドのヒマーチャル・プラデーシュ州、ウッタラーカンド州と中国が支配するチベットの間に国境がある。そこでは「(チベットにある) シプキラ (Shipki La)、ヒマーチャル・プラデーシュ州のコウリク (Kaurik) 地域、プラム (Pulam)、タグラ (Thug La)、バラホリ (Barahori)、クングリ・ビングリラ、ラプタル (Lapthal)、そしてサンガ (Sangha) といった地域が争われている」[10]。最後に、インド東部では、アルナーチャル・プラデーシュ州一帯の九万平方キロメートルにわたるインドの主権に中国が異議を唱えている。そこではタワング、ブムラ (Bum La)、アサフィラ (Asaphi La)、ロラ (Lo La) が、争いの緊迫化した地域の一部である。そのうち「戦略的要衝であるタワングは、同地域のヒマラヤ山脈一帯の防衛における鍵である」[11]。

ゾラワール・ダウレト・シンによれば、一九六〇年以降、国境問題を解決する機会は三度あった。

周恩来は、一九六〇年の訪印の際に、西部国境と東部国境をめぐる主張をそれぞれ譲り合って紛争を解決することを申し出た。インドが西部と東部の国境を同等にみることに乗り気ではないことで、この申し出は拒まれたのであろう。一九七九年には、ヴァジパイ外相が北京を訪問した際、鄧小平が「包括的

図2-1 インドと中国の国境問題

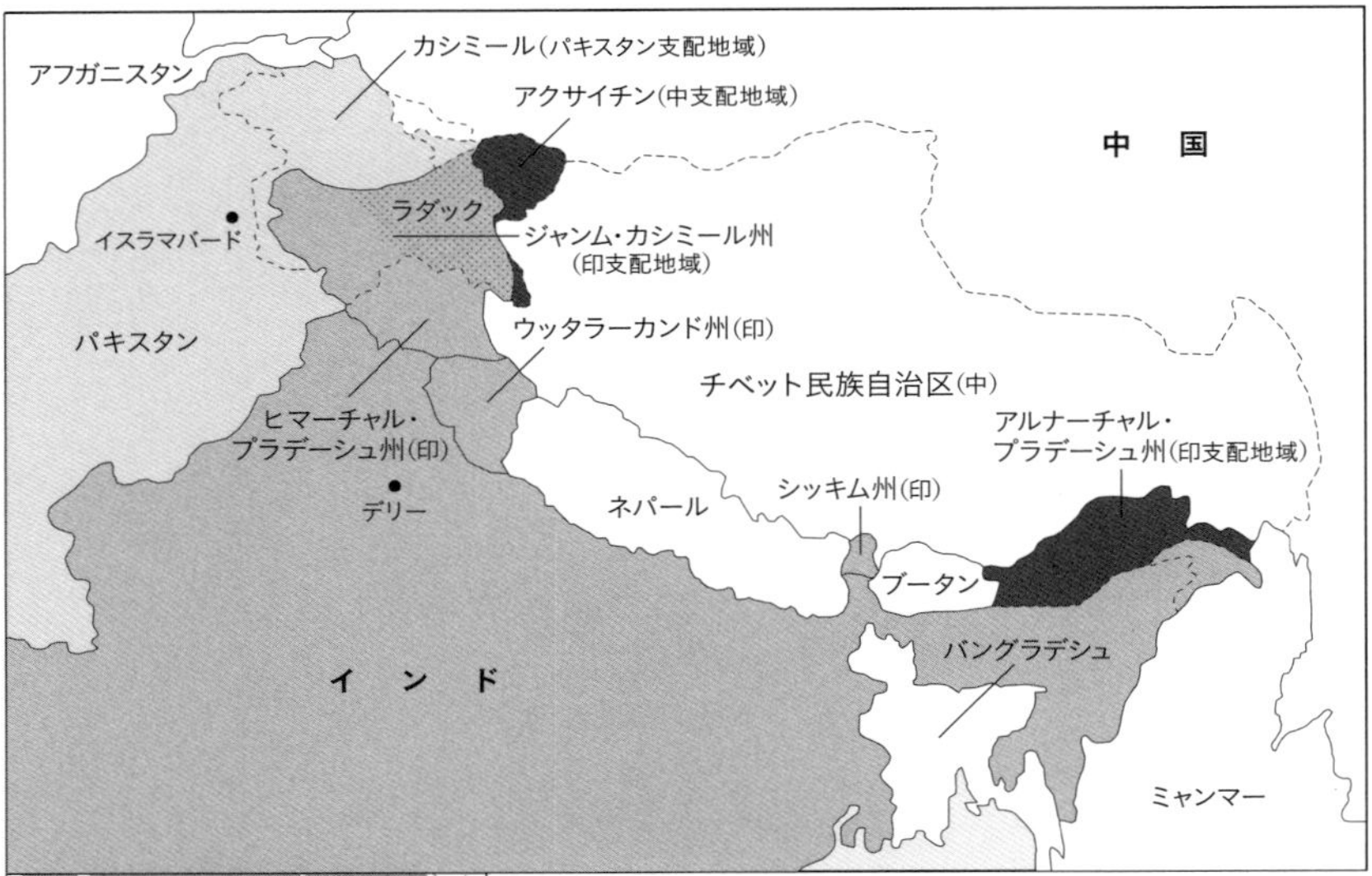

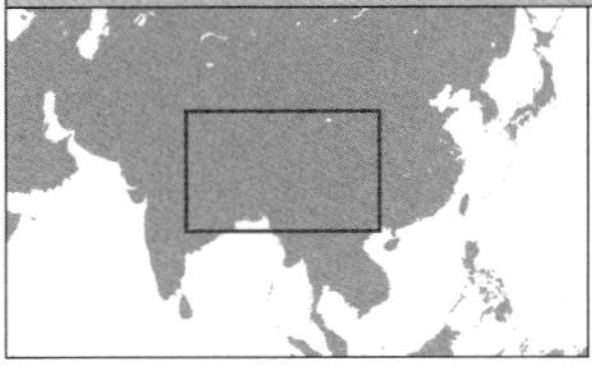

解決」を正式に申し出た。このときも、インド側は交渉上の態度を変えることを受け入れられなかった。そして三度目の機会は、二〇〇五年四月の「国境問題解決のための政治的指針と指導原則」に関する協定の際に訪れた。そこでは、事態を収拾する包括的な原則について、印中両国が実質的に立場を収斂させつつあると指摘された。またこの協定では、「一括解決（package settlement）」と、これによって領土に関する細かな調整がなされるはずだとの両国の思惑が、関係を前進させる唯一の方法であると宣言された[12]。

二〇〇五年四月に温家宝首相がデリーを訪問している間、インドと中国は「戦略的パートナーシップ」について共通の期待を表明した。その際、中国のチベットにおける主権、そしてシッキム州がインドの一部であ

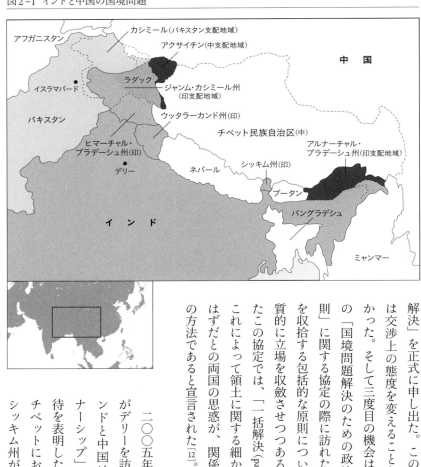

るとする中国の声明を改めて確認したインドは、二国間関係の改善をつづける両国の政治的意思を強調したのである。しかし、アルナーチャル・プラデーシュ州や東部ラダックにおける広範囲にわたる国境問題がこれにより解決されることはなく、まもなく中国は外交的態度を硬化させた。今日では、交渉プロセスの諸原則に関しては合意されているものの、実際の交渉は行きづまっており、両国に都合のよい実効支配線内の領土の支配権を主張しあうことに終始している[13]。

ただ最近では、その実効支配線が相互に侵入にされているという問題がある。「〔二〇一三年四月に確認された、ラダック東部の〕ドーラト・ベグ・オルディ地区への中国の侵入は、おそらく別のどこかへインドが侵入したことへの反応とみられる。そしてそのインドの侵入は、また別のどこかに中国へ侵入したことへの反応である」[14]。これは、たとえば以下のような事例のことである。二〇一三年にインド陸軍は、係争地域である〔ラダック南部の〕チュマールに「恒久的な構造物」を設営した（これは、交渉プロセスの中で二〇〇五年に出された国境に関するプロトコルに違反するものである）。これに対し中国は、係争地域であるラダックのデプサン・バレーのインド側一九キロメートル地点にテントを設営することで応じた。こうした事態は小規模な軍事衝突に発展しえたが、両国は「原状」に回帰することで合意した。

インドからすれば、こうした事態は、係争地域での侵犯行為への政治的監視を強化する必要があることを物語っている。その背景に国境維持システムがばらばらであることがあるのか、あるいはデリーの背広組・制服組の国防官僚が国境での活動を効果的に監視できていないことがあるのかは、明らかではない。だが中印国境問題は、説明責任を欠いたり国家の中枢に監視されていない部局が戦術を決定するにはあまりに敏感な問題なのである[15]。

交渉プロセスの継続や、印中の軍事バランスの変化に対応するための信頼醸成措置にもかかわらず、未確定の実効支配線は安定的な国境とはなりえないことが明白となりつつある。実効支配線があいまいなままであることの主な原因は、中国側にあるとみられる。中国は、両国の認識が相違する余地をなるべく残さないようにするための協力にはずっと前向きでない。とはいえ、先に述べたように、東部国境の領土と西部国境の領土について相互に譲歩して妥結することを拒んだかつてのインドの態度も、問題の行きづまりを招いた。より大きな問題は、近年の中国が核心的利益と見なす問題に、ますます非妥協的になっているということに照らして検討されねばなるまい。この点は南シナ海での緊張状態、東シナ海での尖閣諸島をめぐる日本との対立、そしてインドとのヒマラヤ地域をめぐる争いにいたる事例で明らかである[16]。

3　貿易

一九九一年の経済改革により、インドの国際経済や貿易関係の役割は新たなものとなった。その頃インドは、突如ポスト冷戦世界に対処せねばならなくなり、対外政策上の優先順位を再検討する必要に駆られていた。海外のプレーヤーに自国経済を開放することによって、対外政策が経済的次元を持つようになり、貿易が対外政策上の一つの手段となった。経済的な自給自足(スワデーシ)を放棄して国際貿易を積極的に開始することにより、インドの新たな道が開けたのである。

一九九〇年代以降の「ルック・イースト政策」は、従来広い地域でインドが自己の役割を再定義しようとしたことの一環だった。これにより、インドは初めて東南アジアを政治的かつ経済的に重要な隣人とみなすことになった。インドは新たな市場を求めていたし、アメリカとの関係はなお改善されていなかったため、東南アジアに焦点を当てるという戦略的な決定がなされたのである。東南アジア諸国連合(ASEAN)とそれまで以上に密接な連携を図ることは新機軸とみなされた。

一九九〇年代末に政権の座にあったNDAの中心であるBJPの構想は、世界の多極化であり、そこでは経済的関係が決定的に重要になると考えられていた[17]。そして、特にインド北東部で他国と国境を接する各州の貿易を含む全般的状況の改善といった地域政策に、重きが置かれるようになった[18]。

こうした新たな政策は、中国との関係にも影響を与えることとなった。インドは数十年の間、中国から軍事的・経済的脅威にさらされていると感じていた。その当時までの歴代政権は「パンドラの箱」を開けるのを恐れ、国境問題に真剣に取り組んではこなかった。しかしインドを取りまく地域における中国の経済力が高まると、インドとしては中国との関係を改善し、いち早く貿易を拡大する必要があった。

一九九〇年における印中間の貿易総額は二億六〇〇〇万ドルにすぎなかったが、それが二〇〇〇年には二〇億ドルまで増加し、〇五年には一八七億ドルとなった[19]。そして、中国がインドの最大の貿易相手国となった二〇一一年には貿易総額は七四〇億ドルに達したが、一三年には六六五億ドルへと減少した。印中貿易は必ずしもインドに有利とはいえず、一三年の中国への輸出額は一七〇・三億ドルにすぎなかった。またインドの中国に対する貿易赤字は、同年に三一四億ドルにまで達している[20]。なお、貿易の拡大は、それをめざす政府の行動の結果というよりも、不均衡にもかかわらず実現したのである。

印中貿易の進展は、政府の取り組みによって推進されたわけでは決してない。この関係は、過去を引きずった厄介な問題を超えてゆこうとはしない両国政府の関係とは裏腹に、進展するようになったのである。そして二つの局面が印中貿易を特徴づけている。まずカロール・バーグ＝広州のラインであり、中国の製造業の拠点から、ニューデリーの中の商業地区に安価な製品が大量に流入した。そして、ムンバイ＝上海のラインが続き、そこでは両国の大企業が取引をするようになったのである[21]。

以上の結果として生じる非対称な経済構造は、インドが有力な工業・製造業システムを開発できていないことが理由で生まれたものである。また、中国側がインド製品に国内マーケットへのアクセスを与えず、インドからの輸入といえばもっぱら鉄鉱石などの原材料にしか関心がないことも一因である[22]。こうした不均衡はいつまでも放置できないので、印中関係の全般的改善の動きに悪影響を与えることになる。

こうした困難があっても、印中の貿易関係は国境問題とは異なった展開を見せている。二〇一一年一一月、第二回印中戦略経済対話（SED）がデリーで開かれ、インドの高速鉄道や駅の近代化に中国が投資し、二五〇〇メガワットの風力発電所の建設にも中国が関与するといった具体的な提案がされた。だがインドがどの程度この方向で今後も動くかということは、依然として別の問題として残っている。中国の対印投資拡大を認めれば、貿易不均衡を緩和するのに大きな役割を果たすであろうし、アジアの二大国の経済はいっそう統合されることになるであろう。しかしインド政府は、中国、とりわけ中国の成長に対しては懐疑的な姿勢を崩していない。

最近、二〇一三年五月と一〇月に交わされた印中間の公式訪問では、貿易や投資の改善について議論をつづけ、了解事項に関する長いメモランダムを作成するに至っている。しかし、こうした関係が肯定的なものであるとインド政府が考えるようになるまでには、まだ道のりは遠い。

4　エネルギーをめぐる競争

高い経済成長を維持するためにエネルギーの安定供給を確保する必要性が増すにつれて、インドにとってエネルギーをめぐる地政学の重要性がますます大きくなりつつある。石油価格の不安定性はインド経済に深刻な影響を与え、とりわけエネルギー価格が上昇するとインド経済の競争力が削がれ、貿易赤字も増える。中国とインドはともに、石油の大半を中東から輸入するという、大まかにいえば似たアプローチをとっていたのが現実であり、外交やビジネスの面で積極的に行動して、中央アジア、ロシア、アフリカの一部、ラテンアメリカといった中東以外の世界にもエネルギー供給元を多様化する戦略を追求してきた[23]。

二〇〇五年以前には、中国とインドはエネルギー面での競争を純粋に勝つか負けるかのゲームとみなしていた。世界に広がる多くのエネルギー・プロジェクトでは、狙いを定めた国への経済援助[24]を申し出たり、政略を駆使したりすることで[25]、両国は互いに相手を出し抜こうとしていた。やがて両政府は、際限なき競争はそれぞれの利益に反し、ある程度の協調と連携から実際に利益が得られることに気づくようになった。二〇〇五年四月に温家宝首相が訪印した際、両国は（先に述べた国境紛争を解決する枠組のみならず）エネルギー安全保障での協力を深めることに同意し、第三国での石油や天然ガス資源の調査・開発に両国内の関係組織が連携することを奨励した[26]。

たしかに、「海外」での石油や天然ガスの開発といった取り組みについては印中の協力が進んだかもしれない。しかし、パイプラインによって「陸上」経由でアクセスするのが可能な国での競争や、両国がエネルギーとは別の戦略的利益を見いだしている分野での競争は熾烈なままである。典型的な例は、ミャンマーのラカイン州沿岸のシュウェ・天然ガス田で産出するガスをめぐる両国の競争である。中国は、二〇〇七年に同天然ガス田から雲南省へパイプラインで天然ガスを輸送する権利を獲得した[27]。この年はインドが競争に敗れた点で重要な年で、自国企業がシュウェ・天然ガス田A1〜A3鉱区の開発に参加していたインドは、自国向けに天然ガスを獲得しようとその前の二年間懸命にミャンマーに働きかけていたからである[28]。中国は国連安保理の拒否権を持っていたので、ミャンマーに不利な決議を葬り去れるからシュウェの天然ガスを確保しやすかったのは間違いない。ただ、核兵器不拡散条約(NPT)に対応するインド政府の決定力の乏しさや行動の遅さなども問題であった[29]。そして〇七年一月一五日、中国の国有企業である中国石油天然気集団(CNPC)とミャンマー石油ガス公社(MOGE)が協定を結び、ミャンマー西方の深海の三鉱区(AD1・AD6・AD8)での石油・天然ガス採掘権が中国企業に付与された。これらの鉱区はおよそ一万平方キロメートルにわたる。これは、チャウピューに新設された深海港に近い鉱区Mでの採掘権に関する、〇四年一〇月の協定を超える範囲での権利付与であった。これに比べると、インドはミャンマーにおいて小規模な採掘権しか獲得しておらず、幅広い権利を付与された中国企業との直接的な競争がつづいている。中国の狙いが、中央アジアの陸地経由、つまりはマラッカ海峡を経由しない石油・天然ガス輸入量を増やすことでエネルギー安全保障を実現することにあるのは明らかである。

中国とインドの間では、ミャンマーのエネルギー資源をめぐって競争がつづき、それはこの地域でのエネルギー資源をめぐる両国の協力が限定的なものに留まることを示している。

5 近隣諸国と海洋——パキスタン、ミャンマー、ネパール、インド洋

インドは、南アジアでの中国の役割にすこぶる敏感でありつづけている。地理的にみて、インドは南ア

ジアを自国の領域(domain)と捉えており、中国が優勢な地域は東アジアと東南アジアに限定されると考える。しかし、中国は何十年にもわたりインドの近隣諸国の多くと密接な関係を築いてきた。とりわけパキスタン、ミャンマー、ネパールといった国々である[30]。

まずパキスタンだが、中国とパキスタンの枢軸は一九六〇年代に深まるようになり、特に六二年の中印戦争後に顕著になった。七〇年代初めに米中和解が進むと、中国とパキスタンの提携は世界的な意味を持つものとなり、インドは深刻な脅威を感じるようになった。中国は、七一年のバングラデシュ独立にインドが関与することへ強く反対した。当時、インドは中国国境に十分な部隊を派遣できず、アメリカが中国の対印侵攻に反対するかどうか確信が持てないでいた[31]。かたやソ連は、六〇年代末からインドに接近しており、当時のインドはソ連という大国が友好国として必要だと感じた。この結果、インドがバングラデシュ独立戦争に関与し始めた折に印ソ平和友好協力条約が結ばれ、南アジアでの中国・パキスタン・アメリカ枢軸に対するインド・ソビエトの軸が形成されたのである。

中国とパキスタンは堅い友情を維持しつづけている。パキスタンのインフラ整備における中国のもっとも重要な貢献は、まずパキスタンのパンジャーブから中国の新疆ウイグル自治区へ抜けるカラコルム・ハイウェイ(KKH)の建設、次にバローチスターン州の、イランとの国境から一〇〇キロほどの地点におけるグワーダル港建設を支援したことである。また、パキスタンは中国から軍事物資を購入している。パキスタンからすれば、中国は「苦しいときにも当てにできる親友(all-weather friend)」であり、インドに対するパキスタンの地位を強固にするものである。パキスタンとインドが争うカシミール問題に対して、中国は中立的立場を維持しようとしてきた事実はある(たとえば、一九九九年のカルギル紛争における中国の姿勢にそれはみられる)。しかしインドとしては、中国はパキスタンを支援しようとしており、南アジアでの勢力均衡政策をとっていると常に疑念を抱いている。

ミャンマーに目を転じよう。歴史を振り返ると、中国は一九四〇年代から八〇年代末にかけてビルマ共産党(CPB)を支援することをつうじて、ミャンマーに関与してきた。これにより中国はミャンマーの軍事政権の敵とされ、ミャンマー陸軍は、国境沿いで中国に支援された部隊との戦闘に長い年月を費やした。だが八九年の一連の出来事により両国の関係のあり方が変わり、中国はミャンマー政府と少数民族の抵抗組織との停戦合意を支援するようになった。この結果、ミャンマーでは中国との国境付近地域での自治が拡大され、それらの地域と中国南部、とりわけ雲南省との経済的統合が進んだ。エグレトーが指摘するとおり、八八年のミャンマーの民主化運動と翌年の中国の天安門事件の後、ミャンマーに軍事政権が新たに成立すると、国際的な孤立と非難に直面していたミャンマーと中国は相互に支え合う関係を求めるようになった[32]。この関係は、エーヤワディー川や道路、鉄道によってミャンマーとつながる雲南省・四川省を開放することを目的とした貿易協定から始まった。中国との国境に近いミャンマーの各州は、この関係を発展させる上での鍵となっている。カチン州の例では、中国からの長期低利貸付とひきかえに土地が付与されたといわれており、特に興味深い。カチン州北部にあるそれらの土地の大半は、現在中国人と共同で所有されており、翡翠《ひすい》、宝石、金などの鉱山が中国資本により開発されている[33]。また中国は、雲南省とカチン州のアクセスをより充実させることにとりわけ熱心であり、国境沿いに貿易拠点を四つ開いている。インド政府においてはまだ議論がつづいているスティルウェル公路〔レド公路:インド・アッサム州からミャンマーを通過し、中国・雲南省へと至るルート〕の整備も、ミャンマー側国境では中国人労働者によって建設が進み、中国側部分はすでに完成している。さらに、中国が野心を持つのはカチン州の天然資源だけではない。組織の行き届いたキャンペーンの下、中国はカチン州の指導者——その多くはいくつかのキリスト教会から選抜された指導者である——を雲南省へ招待したり、彼らが中国語を学習したりすることを奨励している。こうして、日曜日ごとに教会で、その指導者たちから福音を耳にしたより多くの信者は、中国への好意的なイメージをすぐさま共有するのである。これと同様のことは、シャン州と中国の国境でも観察される。さらに、中国の実業家はマンダレー〔ヤンゴンに次ぐミャンマー第二の都市〕の中心部のほとんどを買い上げており、ミャンマーでの中国人の経済取引の拠点にしている。

一九八〇年代以降のインドとミャンマーの関係は、愛憎半ばするものに留まるのがせいぜいであった。貿易やエネルギー面での関与を拡大することで関係を改善しようとはしてきたが、大した進展はみられていない。インド政府は、ミャンマーはインドと新たな関係を築くことで対中関係とのバランスをとりたがっているといったレトリックを用いるが、これといった成果はなく、新たなインフラ整備計画が進んだということもほとんどない。たとえば、カラダン・マルチ輸送計画〔ミャンマー南西部とインド北東部の物流ルートを整備する計画〕は、最初に取りあげられてから一〇年以上も政策レベルでの議論がつづいているのである。

中国とミャンマーの親密な関係は、経済改革や政治改革が進む中でもほとんど変わっていない。たしかに、ミッソン・ダム建設計画〔中国の支援を受けたカチン州イラワジ川上流のダム建設計画〕は、〔地元住民や市民団体らの根強い反対を受けて〕中断されているかもしれない。しかしミャンマーの主要産業の大部分に対する中国の関与や、天然ガスのパイプラインによる両国のつながりに鑑みると、インドを含む他国が同様の地盤をミャンマーに築くことはまずできまい。

ネパールとインド・中国の関係は、チベットの物語と結びついている。ネパールは、文化的、経済的、政治的にインドと常に近しい関係にあるが、チベットと国境を接しているため中国にとっても重要な国である。つまり、インドと中国は、ネパールでの相対的な影響力を互いの犠牲の上に拡大しようとしてきたのである[34]。このことは投資や貿易に限らず、ネパールの内政、統治、政治制度のあり方にもあてはまる。そしてネパールへの援助の領域では、両国のライバル関係が著しい。二〇一二年、中国は一億四〇〇〇万ドルの援助を申し出るに留まらず、カトマンズに次ぐネパール第二の都市ポカラに水力発電所や空港を建設するという形でのインフラ支援を約束した。他方、インドは、二億二二〇〇万ドルの無償援助を約束した。また、中国は依然としてネパール在住のチベット民族による反中活動を懸念している。実際たとえば〇八年にも、カトマンズ市内で流血をともなう反中抗議行動が行われた。もちろん、インドはダライ・ラマの亡命を受け入れており、チベットの大義を支持する国とみなされている。それと同時に、インドとしては、中国とつながっているとみられるマオイスト〔過激な暴力的左翼運動集団〕の政治運動に神経をとがらせている。中国とチベット自治区の軍事的紐帯が深まることに加え、このこともまたインド政府の不安を募らせている。なお、ネパールでの場合は、中国の影響力は、戦略的次元よりもソフトパワーによる部分の方がいっそう大きいように思われる。ネパール全土に広がる中国学習センターは中国語や中国文化のクラスを用意し、ネパールの学校にボランティア講師を派遣し、中国語のＦＭラジオ局を開設している。これにより、ネパールでの中国とインドの競争はより激しくなっている。

さてこれまでみてきたのは主に陸地でのインドと中国のライバル関係だが、最近ではインド周辺の海域での中国のプレゼンスも増してきている。二〇〇四年末にインド防衛省が公表した海洋戦略は、インド洋での中国の潜在的脅威をだいぶ大きく取りあげている。事態はそれ以来あまり変わっていない。これまで、インドはインド洋を自分の裏庭とみなしてきた。そしてそこでの中国のプレゼンスに不安を募らせている。その結果、インドは外洋海軍としての能力を熱心に磨いていて[35]、インド洋において今後とも支配的な勢力であり続けようとしている。

インド洋は、東アジアへエネルギーを輸送する主要ルートとなっている。多数のタンカーがインド洋を通過し、中国へ石油を輸送する。インドの石油も、そのほとんどが様々な海外の油田からタンカーで運ばれている。このため、インドはインド洋を戦略的要衝とみなしており、それを中国と分かち合うことをよしとしない。先に触れた、ミャンマーのチャウピューにある中国の深い水深を持つ港は石油輸送の拠点でもあるため、インド海軍にとってもきわめて重大である。ミャンマーと中国の密接な関係と、ベンガル湾における中国海軍のプレゼンスは、インドにあまりに近接しているという単純な理由からインドはこれを安全保障上の脅威とみなしている[36]。

中国企業は商港をインド洋海域に数多く所有・運営している。通商上の海運センターとしてもっとも充実したものの一つは、スリランカのハンバントタ港である。同港や、先に触れたパキスタンのグワーダル港、それに中国が資金を拠出したバングラデシュのチッタゴン港のコンテナ施設などを前にしてインドは、中国の「真珠の首飾り戦略」によるインド包囲網への懸念を深めている。中国の主張に従えば、それらの港湾施設は単に通商目的のものであり、いわゆる「アフリカの角」(ソマリアやジブチなどからなるアフリカ大陸の東端)における海賊取り締まりに資するものである。とはいえ、ハーシュ・パントによると、兵站を担う中国人民解放軍・総後勤部部長による秘密覚書では以下のように述べられている。「我々は、もはやインド洋をインドのものとしてのみ考えるわけにはいかない。我々としては武力衝突の可能性を考慮に入れている」[37]。

ただし、インド洋における展開を懸念しているのは、インドだけではない。二〇〇七年、中国が反中的とみなすインド、アメリカ、オーストラリア、日本からなる「アジアの民主主義の弧」(第一次安倍政権により提唱された四カ国間の戦略対話)が実施した海上演習に、中国は不満だった。これは冷戦後最大の海上演習となり、原子力潜水艦、航空母艦、駆逐艦、フリゲート艦が参加した。

ゾラワール・ダウレト・シンによると、インドの戦略上の問題は、大戦略の議論の土台となる自国の地政学的イメージが、十分に規定できていないことにその理由の一端がある。問題は、中国に対峙するインドが、陸上と海上のどちらの兵力を強化すべきかという点にある。「中国の挑戦へのマハン主義的な解決策によれば、中国に対する陸上での劣勢の一部は、中国の海上交通路を妨害したり、もしくはより積極的に、東アジアでの紛争に関与したりすることで克服できる。その考え方の根底にある論理は、水平的エスカレーション(horizontal escalation)で、ある地域での戦力上の劣勢が紛争をより広い範囲に拡大することで克服されうるとするものである。つまり、もし中国が山地で冒険主義に打って出たら、インドは外洋でそれに応戦することができる」[38]。こうして、インドでは陸・海軍間で資源のわりあてをめぐって論争が起こるようになった。しかし、現実的にいってインドは国境での有事に備える必要があり、このため費用のかさむ「山地攻撃部隊(mountain strike corps)」を用意している。他方で、インドは外洋海軍の能力を整えようともしている。とはいえ、潜在的な紛争に備えてこのように新たな「前線」を開くことは、長期的にみれば自国の防衛をより厳しいものにしうることも認識する必要があろう。

二〇一四年五月にBJPが選挙に勝利し、ナレンドラ・モディが首相に就任して一〇年間におよぶ国民会議派の統治に終止符を打った。超ナショナリストであるにもかかわらず、モディと中国とは過去かなり良好な関係を維持してきた。グジャラート州首相時代にはアメリカへの入国が拒否されていたが、その間も中国にはしばしば訪れており、李克強首相自らがモディの選挙での勝利を祝う電話をかけてきたほどである。

本章執筆時点ではインドの新聞各紙は依然としてモディ政権の対外政策について様々な観測をしているが、印中関係は急速に進展している。王毅外相が二〇一四年六月に訪印したし、モディと習近平は同年七月のブラジルにおけるBRICS首脳会議で会談し、新たに設立するBRICS開発銀行の本部を上海に設置する一方で、最初の五年間の総裁をインド人とすることで合意した。さらに習近平は九月に国賓としてインドに招待され、貿易不均衡や国境問題それに地域の諸問題について話し合わされた[39]。

しかしながら、こういった幸先の良いスタートにもかかわらず、安全保障上の問題は依然としてなくなっていない。ラダックのチュマールでは中国による国境侵犯が繰り返されてきたし、中国は、モディ政権がこれ以上ない強い表現で反論しているにもかかわらず、依然としてアルナーチャル・プラデーシュの領有権を主張している。BRICS首脳会議で、「もし印中が国境問題を友好的に解決できれば、紛争の平和的処理のよい手本となる」とモディは習に語った[40]。両国はホットライン設置に合意したり、定期的に軍同士の会合を開いて国境問題の緊張を緩めようとしてきたが、インド洋では、中国の原子力潜水艦がインドの領海に侵入し、これはインド海軍が長期にわたって神経質になっていることである[41]。どうやら印中関係はモディ政権にとって非常に微妙なバランスをとる作業だが、もしモディがうまく中国カードや日本カードを使えば、インドの発展を利することになり、モディは東アジアでも重要なプレーヤーになるだろうというのが、インドの分析家たちの見方である[42]。

おわりに——未来に向けて

印中関係は複雑である。それは政治的・経済的問題を含み、第三国との関係やヒマラヤ山脈沿いの複雑な国境地域の問題にまで及んでいる。インドの政策決定者の中には、中国をインドの主要な脅威とみなし、アメリカの中国封じ込め政策の一部を担うことを期待する者もいる[43]。その一方で、インドと中国は、地域において相互に協力することを学ばねばならない。たとえば、北大西洋条約機構（NATO）の部隊が引き揚げた後のアフガニスタンの今後の展開についての協力などがある。本章でも触れた二〇一三年の中国によるラダックへの侵入をみると、国境問題やカシミールの実効支配線に関する認識の相違は、容易に解決されないだろう。それに加え、貿易をより均衡したものにしたり、とりわけインドの製薬企業やＩＴ企業の中国市場へのアクセスを拡大したりすることも、政府・財界双方の課題である。また、本章では検討できなかったが、中国によるブラマプトラ川〔チベットからインド・アッサム州、バングラデシュに流れ、ベンガル湾に注ぐ〕上流でのダム建設の動き、そしてインド政府とダライ・ラマの関係といった問題も、両国の関係を難しいものとしている。両国の関係が改善してゆくような新たな打開策が必要なのは明らかである。長らく中国を観察してきたラヴィ・ブータリンガムが、打開策の一つのあり方を以下のように提示している。

印中関係をみると、中国との経済的な関わりを支えるような知識、文化的要因、その他の制度上の備えはあまりに乏しく、ほとんどなきに等しい。両国は、大都市で相互に見知らぬ他者である隣人同士のようだ。これによりお互いに誤解を生みやすい環境が生じ、おなじみの不信がさらに悪化する。それゆえ、両国の実業界、政界は、中国とインドの経済的やりとりや、人と人との交わりを描いた大きなキャンバスがいっそう映えるような取りくみを、すぐにでも行なっていかねばならない。このキャンバスには、もちろん国境問題が目立って描かれていることだろうが、中心に描かれるわけではなかろう。そして、時間が経つにつれ、キャンバスの隅に追いやられていけばいいのだが[44]。

註

1—この点については、以下の著書で詳しく論じておいた。Marie Lall, *India's Missed Opportunity: India's Relationship with the Non-resident Indians*, Ashgate, 2001.

2—Marie Lall, 'India's New Foreign Policy: The Journey from Moral Non-Alignment to the Nuclear Deal', in Marie Lall (ed.), *The Geopolitics of Energy in South Asia*, Institute of Southeast Asian Studies, 2009.

3—Bal R. Nanda (ed.), *Indian Foreign Policy: The Nehru Years*, Vikas Publishing House, 1976, p. 16.

4—Nanda (ed.), *Indian Foreign Policy*, p. 17.

5—Khilnani, *Realities of Indian Foreign Policy*, pp. 36-37.

6—Dutt, *India's Foreign Policy*.

7—Surendra Chopra (ed.), *Studies in India's Foreign Policy*, Guru Nanak Dev University, 1983, p. 26. ここで留意すべきは、ネルーは中国が敵ではなく友人であると信じ、独立してからの一〇年、インドは防衛努力を対パキスタンにのみ集中させていたことである。

8—Verinder Grover (ed.), *Africa and India's Foreign Policy*, Deep and Deep Publications, 1992, p. 361.

9—Jing-Dong Yuan, 'India's Rise after Pokhran II: Chinese Analyses and Assessments', *Asian Survey*, Vol. 41, No. 6, 2001, p. 979.

10—Zorawar Daulet Singh, 'Why India and China Went to War in 1962', *The Tribune*, Oct. 15, 2012. http://www.tribuneindia.com/2012/20121015/edit.htm#6

11—Ibid.

12—Zorawar Daulet Singh, 'Understanding the Standoff in Ladakh', *The Tribune*, Apr. 26, 2013. http://www.tribuneindia.com/2013/20130426/edit.htm#6

13—Singh, 'India-China Relations in a Multipolar World'.

14—Singh, 'Understanding the Standoff in Ladakh'.

15—Zorawar Daulet Singh, 'How to Deal with the New China', *The Tribune*, May 19, 2013. http://www.tribuneindia.

com/2013/20130519/pers.htm#1

16——Singh, 'Understanding the Standoff in Ladakh'.

17——BJP manifesto 2004./ http://www.bjp.org/documents/manifesto/nda-agenda-for-development-good-governance-and-peace

18——右と同じBJPのマニフェストでは、インド北東部の州との関係について以下のように述べられている。「NDA政権は、これまで五年間、北東部の州の発展に対し前例にないほどの注意を払ってきた。ここから得られた成果は今後定着してゆくだろうし、着実に歩みを進めるであろう。そして次の五年間、我々は以下のことを目指す。

(一)情勢の不安定な地域全般において、暴力的手段を放棄する用意のあるすべての組織との対話をつうじ、また暴力的手段を用いつづける集団との粘り強い交渉をつうじ、平和を回復し、情勢を安定化させる

(二)北東部の各州の人びとのエスニック・アイデンティティが保護されることを保証する

(三)バングラデシュからの人的流入を止めるための不法移民排除法(IMDT Act)を廃止する

(四)すべての州に成長の機会を与える経済的発展を加速する

(五)物理的距離の制約を克服するべく、通信インフラを整備する

(六)すべてのインド人が、シッキム州を含む北東部の各州の豊かな歴史と文化財に関心を向けるようにする

(七)インド東方の隣国や東南アジア諸国との域内経済協力を広げる」。

(二〇〇四年のインド下院選に際したBJPのマニフェスト。URL同右)

19——Jiang Yong, 'Zhong yin jingji anquan: zou chu gong tong kun jing' [Economic Security for China and India: Tackling the Common Dilemmas], *World Knowledge* (Chinese), issue 15, 2006. 以下に所引。Li Minjiang, 'Sino-Indian Energy Politics', in Lall (ed.), *The Geopolitics of Energy in South Asia*.

20——Ananth Krishnan, 'India-China Trade: Record $ 31 bn Deficit in 2013', *The Hindu*, Jan. 10, 2014. http://www.thehindu.com/business/indiachina-trade-record-31-bn-deficit-in-2013/article5562569.ece

21——Samir Saran, 'The Curious Case of India and China', *New York Times*, Oct. 28, 2013. http://india.blogs.nytimes.com/2013/10/28/the-curious-case-of-india-and-china/?_php=true&_type=blogs&_r=0

22——Singh, 'India-China Relations in a Multipolar World'.

23—Li, 'Sino-Indian Energy Politics'.

24—たとえば、インドの国営企業である石油ガス公社（ＯＮＧＣ）はアンゴラのシェル社の株式を取得しようとしたが、その一方で中国はアンゴラ政府に二〇億ドルの援助を申し出た。これにより、アンゴラの国営石油企業はシェルの株式の優先的取得権を行使することが可能となった。また、利権獲得のために、しばしば勝者はより高くつく代償を払わねばならない。二〇〇五年八月、中国石油天然気集団（ＣＮＰＣ）は四一・八億ドルを拠出し、カザフスタン第三位の石油生産企業ペトロ・カザフスタンの買収に成功した。これは、インドのＯＮＧＣとミッタル・スチールが共同で申し出た額を著しく上回るものであった。中国メディアはこの取引を「インドとの競争における勝利」と称えた。'US$4.18 billion bid for oil firm accepted', *People's Daily Online*, Aug. 23, 2005. http://english.people.com.cn/200508/23/eng20050823_204119.html

25—たとえば、エクアドルでの石油利権獲得にあたり、中国の石油企業は政府の強力な後押しを調達することができた。中国政府は、エクアドルの教育事業への財政的支援を約束しただけではない。国連安保理では、エクアドルへの経済制裁の決議案採択にあたり拒否権を行使した。このように、中国はインドより巧妙に立ち回り、その結果中国企業は利権獲得に成功したのである。Yang Wenwu and Dai Jiangtao, 'Zhong Yin Zai Hai Wai Shiyou Nengyuan Gongji Zhong De Jing He Taishi Ji Boyi Fenxi' [The Sino-Indian Rivalry in Overseas Oil Resources and a Game-theory Analysis], *Shengtai Jingji* [Ecological Economy] (Chinese), issue 4, 2006, pp. 39-43.

26—この結果、中国とインドはスーダンにおいて連携し、中国のＣＮＰＣはナイル川付近の油田を操業している。二〇〇二年、インドのＯＮＧＣは、中国によるこの操業について二五％の権益を買い取った。Manjeet Kripalani et al., 'India And China: Oil-Patch Partners?' *Businessweek*, Feb. 6, 2005. http://www.businessweek.com/stories/2005-02-06/india-and-china-oil-patch-partners また、二〇〇五年一二月二〇日、印中両国でそれぞれ最大の石油会社であるＯＮＧＣとＣＮＰＣが、シリアの油田におけるペトロ・カナダの権益のうち三七％（五億七三〇〇万ドル分）の獲得権を共同で取得したと発表した。Indrajit Basu, 'India, China Pin Down $573m Syria Deal', *Asia Times Online*, Dec. 22, 2005. http://www.atimes.com/atimes/China_Business/GL22Cb06.html

27—Marie Lall, 'The Geopolitics of Energy in Asia: Indo-Chinese Competition over Myanmar's Gas Reserves', *Panorama*, 2, Konrad-Adenauer-Stifung, 2007.

28—ラカイン州の沿岸付近にある鉱区Ａ１とＡ３は、韓国・大宇インターナショナルを中心とする共同事業体により開発されているが、そこにはＯＮＧＣの海外事業会社ＯＶＬとインドガス公社（ＧＡＩＬ）というインド系企業二社が参加している。二〇〇六年六月一六日、ＯＮＧＣとＧＡＩＬが、'Mya-1'と名づけられた大規模なガス田を鉱区Ａ３にて発見したと報道された。試行期間には、一日に五七六〇万立方フィートのガスがそこから流出したという。'ONGC, GAIL Discovers Huge Gas Field off Myanmar', *Economic Times*, Jun. 16, 2006.

29—Marie Lall, 'Indo-Myanmar Relations in the Era of Pipeline Diplomacy', *Contemporary Southeast Asia*, Vol. 28, No. 3, 2006.

30—中国はスリランカ、バングラデシュ、ブータンともつながりを持つが、本章では議論の対象とはしない。

31—Jayantanuja Bandyopadhyaya, *The Making of India's Foreign Policy: Determinants, Institutions, Processes, and Personalities*, Allied Publishers, 1980.

32—Renaud Egreteau, *Wooing the Generals: India's New Burma Policy*, Author's Press, 2003.

33—筆者によるカチン州における現地調査でのインタビュー（二〇〇七年）。

34—Manish Dabhade and Harsh Pant, 'Coping with Challenges to Sovereignty: Sino-Indian Rivalry and Nepal Foreign Policy', *Contemporary South Asia*, Vol. 13, No. 2.

35—Nitin Gokhale, 'India's Emerging Blue-Water Navy', *The Diplomat*, Nov. 19, 2013. http://thediplomat.com/2013/11/indias-emerging-blue-water-navy/

36—C. S. Kuppuswamy, 'Indo-Myanmar Relations: A Volte-face', *South Asia Analysis Group Paper*, No. 162. 中国の野心は、ハンギー（Hanggyi）、ココ諸島、アキャブ〔シトウェ〕、マグェイのミャンマー海軍基地を近代化させるべく同国を支援する点でより明確である。ココ諸島には、インドの通信を傍受する聴音哨（listening post）が設置されたともいわれ、インドは特にこの点について神経を尖らせていた（ココ諸島は、インドの海軍基地があるアンダマン諸島、ニコバル諸島から五〇キロメートルほどしか離れていない）。しかし、それは事実ではないことが後に判明した。

37—以下に所引。Harsh Pant, 'China Shakes Up the Maritime Balance in the India Ocean', *Strategic Analysis*, Vol. 36, No. 3, p. 365.

38—Zorawar Daulet Singh, 'China Strategy: Mackinder vs. Mahan', *The Tribune*, Apr. 26, 2013. http://www.tribuneindia.com/2013/20130426/edit.htm#7

39—Zhu Feng "China Is Awaiting a New Era of the Bilateral Relations with Mr. Modi", http://lkyspp.nus.edu.sg/cag/publication/china-india-brief/china-india-brief-31#guest

40—Ajai Shukla, "Resolve the Border Dispute, Don't just "Manage It", http://lkyspp.nus.edu.sg/cag/publication/china-india-brief/china-india-brief-33

41—Toshi Yoshihara, "Undersea Dragons in the Indian Ocean?" http://lkyspp.nus.edu.sg/cag/publication/china-india-brief/china-india-brief-37?utm_source=China-India+Brief+subscribers&utm_campaign=29efa087a3-China_India_Brief_37_28_Oct_2014&utm_medium=email&utm_term=0_a8f8390d56-29efa087a3-96295993#guest 最初の事案は二〇一四年初めに、二番目は九月に起こったらしい。

42—Raja Mohan, "Chinese Takeaway" *Indian Express*, August 27. http://m.ceip.org/2014/08/27/chinese-takeaway/hn0y&lang=en

43—このことは、中国とインドの戦略上の信頼関係に大きな影響を及ぼしている。Zhang Guihong and Wan Xuefen, 'Lengzhan hou zhong yin guanxi zhong de meiguo yinsu' [the US Factor in Post-Cold War Sino-Indian Relations], *South Asian Studies Quarterly* (Chinese), issue 4, 2003. 以下に所引。Li, 'Sino-Indian Energy Politics'.

44—Ravi Bhoothalingam, 'Looking beyond 1962', *Business Standard*, Dec. 28, 2012. http://www.business-standard.com/article/opinion/ravi-bhoothalingam-looking-beyond-1962-112122800128_1.html

第3章 印中戦略関係の観察

山口昇
YAMAGUCHI Noboru

はじめに

米国防省が二〇〇六年二月に公表した『四年ごとの国防計画見直し(Quadrennial Defense Review 2006)』(二〇〇六年版『QDR』)は、台頭する勢力が向かう方向によっては安全保障上重大な懸念を招き得ると指摘した上で、中国について、米国に対して軍事面で挑戦し得る最大のポテンシャルを有する存在であるとする一方、インドについては、台頭する大国であり、かつ重要な戦略的パートナーであると述べている[1]。印中両国は、二〇〇六年の段階においてすでに規模において世界有数の軍事大国であったし、両国の目覚ましい経済成長を考えれば、二〇三〇年頃までには軍の近代化が相当程度進み、質的にも主要国となると考えるべきである。

両国の戦略態勢および安全保障を巡る関係という視点からみれば、近年における印中両国間の関係は不可解といってよいほど対立・緊張と融和・協調が入り交じったものである。未確定の国境を巡る問題などに関しては両国とも自らの主張を貫き、時に軍事的な緊張が極度に高まる局面がある一方、両国間の信頼を醸成し、深刻な対決を避けるための現実的な努力を積み重ねているようにもみえる。世界が注目する二大台頭勢力が隣国として衝突の危険を回避しつつ、それぞれの影響力を増大させようとする様子は興味深い。本章では、まず印中両国の軍事力を静的に観察し、次に両国の軍事戦略上の態勢を分析した上で、印中両国の戦略的な関係が日本の安全保障にどのような含意を持つかを考察する。

1　印中両国の軍事力

経済的な規模において印中両国が世界有数の大国となることは多くが指摘するところである。例えば、ゴールドマンサックスの〝Global Economics Paper No:153〟によれば、中国のＧＤＰは、二〇三〇年の時点で米国の二二兆八一七〇億ドルを超し、世界第一位の二五兆六一〇〇億ドルになると予測されている。インドはその時点で六兆六八三〇億ドルにとどまるが、それでも日本の五兆八一四〇億ドルを凌駕する規模に到達する見込みである。

軍事力に着目すれば、印中両国は少なくとも規模において、世界有数の軍事大国であるといえる。英国の国際戦略研究所が刊行する二〇一四年版『ミリタリー・バランス』によれば、中国人民解放軍は現役兵力二三三万人、弾道ミサイルなどを含む戦略兵力の他、主戦闘戦車約六八四〇両、主要水上艦艇約七五隻、潜水艦約七〇隻、作戦用航空機約二五〇〇機からなる大規模な通常兵力を保有している。インド軍もまた規模は大きく、現役総兵力約一三三万人、弾道ミサイルなどを装備する戦略兵力の他、主戦闘戦車約二九〇〇両、主要水上艦艇二五隻、潜水艦一四隻、作戦用航空機約九〇〇機を装備する通常兵力を保有している[2]。また、中国は一九六四年以降、インドは一九七四年および一九九八年に核実験を行った核兵器保有国であり、また、両国が保有する弾道ミサイルは相手の国土全域を射程範囲に納めている。

◆中国の軍事支出

前述の二〇一四年版『ミリタリー・バランス』によれば、二〇一三年における中国の軍事支出額は推定一一二二億ドルであり、米国の六〇〇四億ドルに次いで世界第二位である。この額は、米国の主要同盟国である英国の五七〇億ドル、日本の五一〇億ドル、フランスの五二四億ドル、ドイツの四四二億ドルと比較しても他の追随を許さない規模である。一方、インドの国防支出は三六三億ドルであり、中国の三分の一程度ではあるが、右の米主要同盟国に次ぐ水準にある[3]。

中国の軍事支出が世界第二位となったのは、堅調な経済成長を背景として、過去二〇年以上にわたって年率一〇%以上の伸び率で国防費を増大させてきた結果である。平成二六年版『防衛白書』によれば、中国の国防費は、過去一〇年間で四倍、過去二六年間では約四〇倍の規模に膨れ上がっている[4]。今後中国経済の成長が減速することを見越しても、その軍事支出は、早ければ二〇二〇年頃、遅くとも二〇五〇年には、米国に匹敵する規模になると予測される[5]。

一方、仮に二〇四〇年に中国と米国の軍事支出が同規模になったとしても、必ずしもその時点で中国と米国の軍事力が同等になる訳ではない。そもそも軍の実力は、過去およそ三〇年間にわたって、兵器の開発・配備、兵員の訓練などに投資してきた額の累計が反映されるからである。冒頭、中国の軍事支出の伸びが大きいことを指摘したが、このことは、反面、過去における中国の軍事支出が小規模だったことを意味する。二〇一三年の軍事支出における米国対中国の比は、五〜六対一であるが、かつてこの差はもっと大きかった。

表3-1 印中両国および米国・主要同盟国の軍事支出・兵力

		軍事支出		現役兵力（万人）
		額（百万ドル）	対米比（%）	
中国		112,173	18.7	233.3
インド		36,297	6.0	132.5
ロシア		68,163	11.4	84.5
米国		600,400	100.0	149.2
米国の主要同盟国	NATO諸国	273,853	45.6	209.3
	豪州	25,967	4.3	5.6
	韓国	31,846	5.3	65.5
	日本	50,977	8.5	24.7
米国及び同盟国合計		983,043	163.7	454.3

出典：IISS, *Military Balance* 2014を使用して作成

一九九〇年版『ミリタリー・バランス』によれば、約二五年前にあたる一九八九年、中国の軍事支出は約五二億ドルであり、米国の二六〇〇億ドルに比べれば五〇分の一ほどの額である。中国の軍事支出が、これまで二〇年以上にわたって年率一〇%以上の伸びを続けてきたことに注目すべきである一方、蓄積という点に着目し、軍事支出を増加した効果は遅れて表れるという点に目を向けることも必要である。『ミリタリー・バランス』に記述された各国の軍事支出を一九九〇年版から二〇一四年版まで追ってみるとそのことが明らかになる。二〇一三年における米中両国の軍事支出を比較すれば、中国の支出額は米国の二割強に相当するが、一九八九年以後二五年間の蓄積の比較では、中国の支出合計額は米国の一割程度にとどまっており、日本の防衛費合計額と大差ない[6]。

さらに、中国と対比する対象が米国だけでないことも勘案すべきである。米国には、民主主義、法の支配、人権などといった価値観を共有する同盟国・友好国とのネットワークがある。表3-1に、二〇一三年における中国、インド、米国および米国の主要な同盟国の軍事支出額を示した。米国を一〇〇とした場合、中国の軍事支出は一八・七、米国にNATO各国、豪州、

韓国および日本を合わせればその合計は一六三・七となり、中国の九倍ということになる。仮に二〇四〇年に米国と中国の軍事支出が並んだとしても、米国が持つ同盟・友好国のネットワークに追いつくにはさらに年月を要する。一方、今から一五年後の二〇三〇年前後には米中拮抗が視野に入り、いわば潮目を迎えることになる。その時期に、米国と日本、豪州、韓国やNATO各国などの同盟国が同盟関係を維持し、さらに強化しているか否か、また、米国とその他の友好国との協力関係が拡大されているか否かという点が鍵になる。米国と同盟・友好国の絆が強固であれば、単に米中両国が拮抗するか否かということは問題ではなくなる。米国および我が国をはじめとするその同盟国が今後一〇~二〇年の間にそれぞれの同盟関係を強化するとともに、価値観を共有する友好国との間で協力関係を構築していくことはきわめて重要である。

◆インドの軍事支出

軍事支出についてインドと中国の関係でいえば、一九九〇年前後を境に中国がインドの軍事支出を上回っており、二〇一三年におけるインドの軍事支出三六三億ドルは中国の約三分の一である。印中両国とも一九九〇年代以降の経済成長は目覚ましく、これを背景として軍事支出も順調に伸びてきたが、中国の成長速度がインドを上回った結果、この差が生じた。近い将来、中国の経済成長が減速する一方、インドの経済成長はむしろ加速されるとみられており、この差は今後縮まる見通しである。前述のゴールドマンサックス "Global Economics Paper No: 153" は、二〇一五年時点でインドのGDPは中国に比し四分の一に満たないが、二〇五〇年までには二分の一強にまで伸びると見積もっている。この経済見通しを使用した試算では、二〇五〇年における中国の軍事支出は米国とほぼ同規模に、インドのそれは米中両国の二分の一程度になるものと予測されており、軍事的にも印中両国が米国に並ぶ存在になる[7]。この場合にインドがどのような立場をとるのかという点は重要である。

中国と米国との中長期的な軍事バランスを考える場合、米国がその同盟・友好国との関係をいかに律していくかという点が重要であることはすでに指摘した。この点、特に近年米印間の関係が改善されつつあることは心強い。先に述べた通り、中長期的にみればインドは軍事的にも米中両国に次ぐ大国となり得る。また、米国防省の二〇〇六年版『QDR』が指摘する通り、「多民族からなる民主主義国家という点においても長年にわたって価値を共通」できる存在であることから、米国にとって「鍵となる戦略的なパートナー」である[8]。また、インドが世界最大でかつもっとも若い労働人口を有することを勘案すれば、米国としてインドとの関係を深化させることの経済的なメリットも大きい。

◆印中関係の概観

印中両国間には、国境問題とチベット問題という歴史的に未解決な問題が存在する。両国の間には四〇〇〇キロメートル以上におよぶ国境があり、現在でも東部のアルナーチャル・プラデーシュ州で国境線が確定していない。また、西部のカシミール地方においては、インド・パキスタンが対峙する一方、北辺のカラコルム山脈にいたるラダック地区では印中間の国境線が確定していない。そもそも印中間の国境はほぼ全域がヒマラヤ山脈などの高山地帯であり、正確な境界線はあいまいであったが、一九五四年に周恩来とネルーの間で「平和五原則」による友好関係が成立して以来、印中関係は小康状態にあった。しかしながら、一九五九年にチベットの反乱が起こり、ダライ・ラマ一四世がインドに亡命したことから印中両国の対立は決定的となり、一九六二年には、両国が国境問題を巡って戦火を交えている。一九六二年一〇月一九日、中国は東西両方の係争地で侵攻を開始、インド側の兵力不足・準備不足もあって中国軍が圧勝することとなる。

この危機的状況に際し、当時のネルー首相は、非同盟の立場を捨てて米国の介入を求め、米国は空母「エンタープライズ」を中核とする艦隊をベンガル湾に派遣した。このこともあって、中国は一一月二一日に一方的に停戦を宣言し、現在の実効支配線（LoAC）にまで撤退し、戦闘が終結した[9]。

西原正および堀本武功編『軍事大国化するインド』は、最近の印中関係を「協調と警戒のアンビバレントな関係」と性格付けている。平和安全保障研究所の年報『アジアの安全保障 二〇一四〜二〇一五』は、二〇一三年の印中関係について「軍事的緊張が、一九六二年の戦争以来といってよいほどの高い段階にまで達する一方、首脳、政府高官の人的往来は停滞するどころか、むしろ活発化している」と驚きを隠さないが、このアンビバレントさを端的に表す現象である[10]。二〇一三年春には、中国軍数十名がラダック地区の実効支配線を越えてインド側に侵入し、これに対応したインド側国境警備部隊と至近距離で対峙するなどの事件が起きた。印中両国において相互に警戒感が高まる中、同年五月にはインドのクルシード外相の訪中に引き続き、中国の李克強首相が首相就任後初の外遊で訪印する。七月にはアントニー国防相、一〇月にシン首相がそれぞれ中国を訪問した。一〇月の印中首脳会談では「国境防衛協力協定」が締結された。同協定によって両国は、「国境問題が軍事衝突にエスカレートするのを回避するため。①重層的な協議メカニズムの存在を確認し、②ホットラインなどの現場のコミュニケーションの改善を図り、③危機に陥った際にも最大限の自制を保ち、挑発的行動を慎み、武力の使用・威嚇を行わず、武力紛争を防ぐ」ことを確約した[11]。まさに「協調と警戒のアンビバレントな関係」そのものである。二〇一四年に入ってからは、九月、習近平国家主席がインドを訪問している最中に、人民解放軍兵士が実効支配線を越えてインド側に侵入するという事件が起きる。モディ首相はデリーでの首脳会談後の共同記者会見で、中国による越境行為が続いていることに懸念を表明し、領土問題への強い姿勢を示したとされるが、一方で、中国による二〇〇億ドルの投資に合意するなどの実利をとることも忘れてはいない。

2 印中両国の戦略態勢

印中両軍の規模と主要装備を表3－2に示した。ざっくり言えば、中国軍の規模はインド軍の二～三倍、近代化の度合いも一〇年程度中国が先を走っているとみることができる。ただし、この兵力を単純に比較することの意味はほとんどない。そもそも、印中両国ともに対応すべき相手は他にもあり、どれほどの兵力を印中間の問題に割けるのかという点を考慮すべきだからである。インドにとって主たる脅威はあくまでパキスタンである。第一次（一九四七年～四八年）、第二次（一九六五年）、第三次（一九七一年）の印パ戦争および一九九九年のカルギル紛争を含め、過去戦火を交えてきた経験からもパキスタンに対する備えが最優先課題となる。インド軍関係者との意見交換では、中国については、直接的な脅威というよりはむしろ主敵であるパキスタンに対する最大の支援国という視点から問題が提起されることが多い。中国としても一四カ国と接する長い国境線と長い海岸線に囲まれており、陸上の国境はもちろん、近年では東シナ海や南シナ海で我が国をはじめ米国や東南アジア諸国との間で緊張関係にある。

その他にも考慮すべき要因が二点ある。第一に、両国ともに一種の進出限界域を伴う地政学的な勢力圏を持っており、ヒマラヤ山脈と南シナ海がそれらを分かっているという事情がある。中印国境、すなわちヒマラヤ山脈を大きく越えて進出することは双方ともにほぼ不可能に近く、また、南シナ海以東にインド海軍が進出すること、また、マラッカ海峡以西を中国海軍が持続的に支配することもそれぞれきわめて困難である。第二に、中国およびインドは核兵器保有国であり、核兵器の役割を考えることなく通常兵力の優劣を議論す

表3-2 印中両国軍の兵力・主要装備

	現役兵力(万人)	戦車(両)	野戦砲(門)	潜水艦(隻)	主要水上艦(隻〈内空母〉)	作戦機(機)	内戦闘機(機)
中国	233.3	6840	13014	70	75〈1〉	2470	1649
インド	132.5	2874	9702	14	25〈1〉	906	826
パキスタン	64.4	2501	4472	8	11	442	374

出典：IISS *Military Balance* 2014のデータを使用。作戦機には海軍所属機を含む

ることの意味は小さいという点がある。この事情は一九九〇年代末にインドおよびパキスタンが事実上の核兵器保有国となったことでより複雑となった。

◆印中双方の進出限界——インド洋

平成二六年版『防衛白書』は、中国海空軍などの海洋における活動の目標のひとつとして自国の海上輸送路を保護することを挙げている（同書、四五頁）。中国の経済活動がグローバル化するなかで、中東からの原油の輸送ルートなどの海上輸送路は、中国の生命線となっていることから、近年このことの重要性は増している。このことを背景として、中国は近年「本土沿岸から、南シナ海、マラッカ海峡、インド洋を通りアラビア海およびペルシャ湾沿岸までの地域における港湾および空港の建設プロジェクト、（沿岸国との間の）外交関係強化および軍の近代化」といった一連の施策からなる「真珠の首飾り戦略」を採っているとみられる[12]。ここでいう「真珠」は、海上輸送路沿いにアクセスを得るための拠点群のことであり、インド洋においては、モルディブのマラオ、パキスタンのグワーダル、バングラデシュのチッタゴン、ミャンマーのシットウェ、スリランカのハンバントタなどにおける港湾や空港を意味する。中国はこれらの施設建設プロジェクトに対して積極的に投資し、あるいは工事を請負って海洋活動のための拠点を設けるとともに、自国の海上輸送路近傍の沿岸国との関係強化を図ってきた。それらの拠点の中には、戦略的に非常に重要な地点を占めるものが多い。

たとえば、パキスタンのグワーダル港からホルムズ海峡までは約四〇〇キロメートルであり、中東からの石油供給という点では戦略的な要点にあたる。中国にとっては、グワーダルから新疆にいたる輸送インフラを建設できれば、インド洋北部を通過する海上輸送への依存を軽減できるというメリットがある。一方、パキスタンにとっては、インド国境に近いため戦略的に脆弱なカラチ港の代替港ができることは魅力的である。実際、カラチ港は、一九七一年の印パ戦争では封鎖されたし、一九九九年のカルギル紛争においてもインド海軍による封鎖が真剣に懸念された[13]。東に目を転じれば、中国がミャンマーにおける開発に力を入れていることも戦略的な理由からとみられる。パキスタンの場合と同様、中東からの石油をミャンマーで陸揚げし、雲南省経由で中国国内に供給することができれば、マラッカ海峡の航行に依存する脆弱性を緩和できる。また、ミャンマーのシットウェ港に対する中国の関心が高いことの背景には、雲南省に陸路連接するということだけでなく、将来的には中国海軍の基地としても使用が可能になるという点があるとみられている[14]。一九九〇年代以降、中国海軍がアンダマン諸島の北に位置するミャンマー領ココ諸島に通信傍受や目視による情報収集施設を設置・運営しているとの報道がある[15]。これら報道の真偽のほどは明らかでないが、ココ諸島からインド領のアンダマン諸島北端までは数十キロメートルであり、また、電波傍受施設を運営すれば、ベンガル湾一体での行動を監視できることから、インド側にとっては深刻な問題である。

一方、中国海軍がマラッカ海峡を越してインド洋で行動する能力には限界がある。米国防省は、中国海軍の海上輸送路防護能力などについて、「本土から遠く離れた海域での行動から経験を得ることより大型の艦艇を取得することによって増大しつつある」と評価する一方、特にインド洋において行動する能力に関しては「兵站および情報面における支援能力が障害となっている」ことを明らかにしている[16]。前述の「真珠の首飾り戦略」に関しても、米国の専門家による論考のなかには、経済的な施策であり、軍事的な意味合いは大きくないとする主張も見られる[17]。

これに対してインドは、自国海岸線から比較的近い海域で行動するため、本国からの支援を受けやすい。この場合に重要な要素のひとつは陸上基地を根拠とする航空戦力である。インド空軍のなかには「ホルムズ海峡からマラッカ海峡まで」という表現を使ってインド洋における空軍力の影響が強いことを主張する向きもある[18]。陸上配備の攻撃機は短いものでも約五〇〇キロメートル、長いものでは一五〇〇キロメートルを超す行動半径を有する。インド洋に突き出す形のインド亜大陸の海岸線近傍地域とマラッカ海峡の西にカーテンのように所在するアンダマン・ニコバル諸島にインド空軍が展開すれば、マラッカ海峡からホルムズ海峡までのインド洋北部はその影響下に入ることになり、インド海軍の行動は比較的容易となる。

陸上基地を根拠とする航空戦力の有用性を証明した戦例のひとつに、一九四一年のマレー沖海戦がある。日本は、真珠湾攻撃をもって対英米戦を開始した直後、マレー沖で英国海軍の戦艦『プリンス・オブ・ウェールズ』と巡洋戦艦『レパルス』とを撃沈した。この海戦では、英国艦隊が航空戦力による掩護なしで行動したのに対し、日本海軍の攻撃は、艦艇を伴わず陸上攻撃機のみによるものであった。一二月一〇日、両艦は、日本軍の上陸船団を攻撃すべくマレー半島東沖を北上するが、航空戦力の掩護を得られなかったため、日本海軍の艦艇に遭遇することもなく、サイゴン近傍の陸上基地から発進した日本海軍の陸上攻撃機部隊の攻撃により撃沈されている。日本海軍の攻撃部隊は陸上攻撃機八五機、うち損害は三機、戦死二一名であったの対し、英艦隊は上述の二艦沈没、戦死者は八四〇名に上った。

陸上基地を根拠とする航空戦力は、相手の基地に対しても影響力がある。「真珠の首飾り戦略」が仮に軍事的な目的を持ったものであるとすれば、特にミャンマーやパキスタンの施設は、インドの基地航空の影響下にあり、さらにアグニI、IIミサイルの射程内でもある。つまり、軍事的な「真珠」はインドの海軍艦艇だけではなく、航空戦力およびミサイル戦力の影響を受けるということになる。前述の通り中国海軍はアデン湾での海賊対処活動などを通じて、国際的な環境の中で外洋海軍としての経験を積んでおり、また、装備する艦艇もより高度かつ大型のものになっている。しかしながら、中国とインドとを隔てる南シナ海を通過し、インド洋に進出して行動する場合には兵站や情報に関する支援能力の不足など能力上の問題を抱えているだけでなく、インド亜大陸から比較的近い海域で行動するためにインド空軍機やミサイルの感作を受けるという地政学的なハンディキャップを負っているということが言える。

一方、逆にインド海軍が南シナ海や西太平洋に進出する場合には、それ以上の制約がある。中国の海洋戦略上、近海防御の範囲と定義され、中国海空軍の影響が強い第一列島線以西、すなわち、我が国の南西諸島からバシー海峡を経て南シナ海の東側にかけての海域を通過することになるからである[19]。中国とインドを海洋軍事戦略という視点でみれば、敵対的な環境の下でインド海軍が南シナ海以東に進出することが困難である一方、中国海軍がマラッカ海峡を越えてインド洋で行動することにも制約があるという関係、すなわち、棲み分けざるを得ない関係にあるといえよう。

◆印中双方の進出限界——中印国境

地理的な障害が印中双方に進出限界を課しているもうひとつの地域は中印国境地帯である。近年、印中関係は政治・経済両面において著しく改善されてきた。一方、四〇〇〇キロメートル以上に及ぶ国境、特に東部のアルナーチャル・プラデーシュ(チベットの一部であり、したがって中国の領土との主張)およびチベット高原の西端に位置するアクサイチン地方においては、いまだに印中両軍が対峙し続けており、高い緊張状態にある。ヒマラヤ山脈からカラコルム山脈にかけての地域は、標高五〇〇〇メートル級の山岳地帯であり、地形が峻険であるだけでなく、冬季には厳寒のために軍隊の行動が制約される。このため、印中ともにこの線を越えて大きく相手側に進出することは極めて困難であり、いわば双方にとっての進出限界に近い地域にあたる。特に冬季、標高の高い地域に部隊を配備しておくことには大変な困難がともなう。一九九九年のカルギル紛争においては、インド軍が冬季に山頂近くの監視施設から平地に下がり、春に再び監視施設に戻るという行動パターンの隙を突いてパキスタン側がこれらの施設を占拠した。ましてや、相手側領域に侵入した大部隊に対して、このような標高の高い地域を越えて補給を維持することはさらに困難である。

一九六二年一〇月の中印戦争では、インド側が屈辱的な敗北を喫したことは前に述べた。中国軍がチベット高原を越えてインド領内に深く侵攻したのに対し、これに反撃するインド軍は、兵力規模、装備、補給態勢の点で著しく劣勢であり、また、指揮統制能力の欠陥もあったことから惨敗する。平野部から増援されたインド軍兵士の多くが高山病にかかり、戦力にならなかったと言われている。米国は、インドの要請を受けて介入し、空母機動部隊をベンガル湾に派遣した。このこともあり、中国は、一一月二一日に一方的に停戦を宣言し、侵入していた部隊を撤退させ、実効支配線の後方にまで後退した。侵攻した中国軍は約八万人、これに対するインド軍は一万人強であり、兵力差は明白であった。一方、中国軍にとって厳寒のヒマラヤ山系を越えて作戦する八万人の大軍を支えるための補給線を維持することは至難であり、大部隊の行動にとっては進出限界であったということができる。

◆核兵力の意味

一九九八年五月、インドは一九七四年以来はじめて計五回にわたる核実験を行い、ヴァジパイ首相は、インドが核兵器保有国であることを宣言した。パキスタンはこれに追随する形で同月末に計六回の核実験を行った。インドが核武装に踏み切った背景には、まず中国、ついでパキスタンの脅威がある。ヴァジパイ首相が核実験直後にクリントン大統領に送った書簡では、インドの核武装は、長年国境問題を背景として対立関係にある中国の核戦力に対応するものであると主張するとともに、その中国がインドと敵対関係にあるパキスタンの核武装を助長しているという点を指摘している[20]。

インド・パキスタン両国が核兵器保有国となったことで、インド亜大陸の軍事バランスは複雑なものとなる。表3－2が示すように、通常戦力においてはインドが大きく優勢にあるが、その優勢が核兵器によって相殺されたとみることができる。パキスタンにとっては、通常戦力による大規模な戦争における劣勢を補うために核兵器を使用するという脅しによって、インドの本格的な攻撃を思いとどまらせることができると考えても不思議はない。インドとパキスタンの間での武力衝突のほとんどは、係争地カシミールを巡るものである。例えば一九六五年の第二次印パ戦争は、インド管理地域においてパキスタン側から武装勢力が侵入したことがきっかけとなった。その後、インド軍がカシミールの南、パンジャブ州で攻勢に出ると、国境にほど近い主要都市ラホール周辺にまで戦火が及び、両軍の戦車を含む大部隊間の戦闘にまで拡大する。インド側が地理的に戦線を拡大するというエスカレーションであった。こうなれば、陸・空軍の兵力において優勢なインドが有利になる。このような場合、仮に両国が核兵器を保有していたとすれば、核戦争への拡大という恐怖からインドとして攻撃を躊躇するのではないかという計算が成り立つ。

一九九九年五月のカルギル紛争は、核兵器を保有する二国が本格的な武力紛争を戦った初の例であり、核の傘の下での制限戦争といえる。きっかけは、パキスタン正規軍兵士とイスラム教徒の武装勢力がカシミール・インド管理地域に侵入し、カルギル近傍のインド軍施設を占拠したことであった。カシミール・インド管理地域の最前線は、標高五〇〇〇メートル級の山岳地帯に囲まれており、インド軍は厳寒のため冬季は低地で待機し、春、ふたたび監視施設にもどるという行動パターンであった。このため、インド軍として約五〇〇〇名にのぼるパキスタン側戦闘員が冬季の間に越境していたことを探知したのは、五月になってからのことである[21]。インド軍は数個師団を動員して越境部隊を駆逐するが、文字通り山岳地帯に対する登り坂の攻撃となり難渋した。越境側の損害一四四五名(死者七三七名、負傷者七〇〇名、捕虜八名)に比し、攻撃したインド軍は一八八九名(死者五二四名、負傷者一三六五名)の損害を被っており、戦闘の熾烈さを物語っている[22]。

パキスタンは、本件について自国軍の関与を否定し、すべてカシミール地方の独立派による行動であると弁明としたが、国際社会は納得せず、パキスタン側に撤退を求めた。米国のクリントン大統領は、この紛争が核戦争に発展しかねないとの懸念から仲介に乗り出し、七月上旬事態収拾を目指してワシントンを訪れたパキスタンのナワズ・シャリフ首相に対して無条件でインド支配地域から撤退するよう求めた。この際、クリントン大統領は、パキスタン軍の核弾頭搭載ミサイルが戦闘態勢に入っているとの情報を得ていることを明らかにした上で、核戦争の危険を真剣に危惧している旨を伝えて、シャリフ首相の決断を迫っている[23]。一方、インド側でも同様に核戦力が「即応態勢3」すなわち核弾頭を短時間で運搬手段に搭載できる態勢に移行したと報道されている[24]。核戦争の瀬戸際での外交であった。

カルギル紛争の後、インド政府によって設置された調査委員会の報告書は、「一九九八年五月のインド、パキスタン両国による核実験の結果、両国間には相互抑止が成立し、そのため、パキスタンとしてカシミールに対する限定攻撃が可能になった」という見方があることを明らかにしている[25]。この議論は冷戦期、核のレベルで安定すれば、それ以下の低いレベルでの紛争はむしろ生起しやすくなると懸念されていたのに似ている。すなわち、相互に核兵器で抑止されている状況の下では、相手側が核戦争のリスクをおかしてまで対応しないであろうと思われる範囲であれば、（たとえば些少な領土の獲得などを目的とした）武力紛争はいつでも生起し得るという論理である。

インドが核武装したもっとも重要な理由は、先に引用したヴァジパイ首相のクリントン大統領宛書簡が示すように、中国の核戦力に対する抑止ということだったかもしれない。確かにアグニII・アグニIIIミサイルの射程はそれぞれ約二〇〇〇キロメートル、三五〇〇キロメートルであり、中国全土を射程内におさめる。また、印中両国は核兵器の先制使用を否定するという点において共通であり、相互に最小限の抑止、すなわち相互に核兵器を使わないことを目的としていると考えることもできる。一方、パキスタンの場合は事情が異なる。カルギル紛争で明らかになったように、通常戦力において劣勢にあるパキスタンは、インドの通常戦力による攻撃が大規模なものにエスカレートした場合には核兵器を用いるという姿勢であり、その戦略は、早い時期での核兵器のレベルへのエスカレーションを念頭においたものであった。言い換えれば、現実に核兵器を使用するという脅しによって、インドの通常戦力による大規模な攻撃を抑止できると考えていたことになる。核兵器による相互抑止が機能していれば、武力衝突を小規模かつ低いレベルに抑えたまま、カシミール・インド支配地域の侵蝕という限定的な目的を既成事実化できるであろうとの誤算を招いていたのである。一方、インドとしては、これほど早期に核レベルまでエスカレートするとは想定していなかったと考えられ、通常兵力による反撃を手控えた気配はない。予期せずパキスタンの核使用を誘引したことから自国の核使用を準備せざるを得なかったというのが実態であったと思われ、これはインド側の誤算といえよう。カルギル紛争は、双方の誤算が核戦争の瀬戸際を招いた事例としてとらえることができる。

3 日本の安全保障にとっての含意

我が国として、台頭する印中両国との間で建設的な関係を築くことは重要である。二〇一四年五月、インドでは総選挙の結果インド人民党（BJP）のナレンドラ・モディ首相が就任した。モディ首相は就任後初の外遊先に日本を選び、八月三〇日から九月三日の間、我が国を公式訪問した。九月一日に開催された日印首脳会談では、両国の関係を「特別な戦略的グローバルパートナーシップ」に引き上げ、外相間戦略対話および防衛相間の次回会合を二〇一四年中に行うことに合意した。また、安全保障分野においては、我が国の国家安全保障局長レベル、外務・防衛次官レベルでの対話推進を提唱するとともに、防衛装備・技術協力および交流、二国間海上共同訓練の定例化および印米マラバール海上共同訓練への日本の継続的な参加、両国海上保安基幹相互の対話および共同訓練などの分野で協力関係を深めることとした[26]。

中国と我が国は、二〇一二年九月に尖閣諸島のうち三島を政府が購入して以来緊張関係にある。中国として所得格差の拡大などの問題を克服しつつ持続的な成長を遂げるために静穏な国際環境を必要としていることは確かである。二〇一三年一〇月下旬に開催された「周辺外交工作座談会」において習近平国家首席は、「中華民族の偉大な復興」を実現するためには周辺国家との関係を全面的に発展させ、善隣友好を強固にし、互恵協力を深化させていくべきだと述べている。日本は米中両国に次ぐ経済大国である。日本との間で善隣友好関係を維持することは中国にとって国益にかなう。一方、日本にとっても特に経済面において中国の重要性は増している。たとえば、日本の貿易額に占める中国の比率は、一九九二年の五・〇%から、二〇〇一年には一一・八%、二〇一〇年には二〇・四%と伸びており、最大の貿易相手国となっている[27]。

我が国が国際的な安全保障協力を進めていく上で、印中両国はもっとも優先順位の高い相手として位置づけられている。二〇一三年一二月に公表された『国家安全保障戦略（NSS：National Security Strategy）』は、国際協調主義に基づく積極的平和主義を謳い、そのためにとるべき戦略的方策として、第一に我が国自身の外交努力や防衛体制構築など、第二に日米同盟の強化に触れた上で、第三点として国際社会におけるパートナーとの外交・安全保障協力を挙げている。その中で重視事項として最初に出てくるのが、インドを含め、普遍的価値と戦略的利益を共有する国々との協力であり、次いで中国との「戦略的互恵関係」を築くことが挙げられている。以下、安全保障面において印中両国との関係を深めていく上で重要と思われる三点、すなわち、①印中間のアンビバレントな関係に配意すること、②多国間の安全保障協力の場面において印中両国との協力を深めていくこと、および③印中両国と我が国の核政策の相違に留意すべきことについて考察する。

◆印中間のアンビバレントな関係への配意

我が国が安全保障面においてインドや中国との関係を規定する上で重要なことのひとつは、印中間の微妙な関係に配意することである。特に、インドと協力することを中国への対応、なかんずく中国を封じ込めるための施策として短絡的にとらえることは適切でない。最近の印中関係について「協調と警戒のアンビバレントな関係」と性格つけられることは先に述べた。ニューデリーの国家安全保障研究所に所属するアルン・サーガル退役陸軍准将は、この関係をインドの中国に対する二重路線（Dual Approach to China）と名付け、インド国内では「中国との国力差が広がりつつある現状に鑑み、中国に関与し、緊張を緩和し、双方の利益になるような関係を築かねばならないという現実」に関する認識が高まりつつあると指摘し、プラグマティズムとナショナリズムの微妙なバランスが必要であるとしている[28]。

確かにインドにとって中国は、一九六二年に干戈《かんか》を交え苦杯を喫した相手であり、現在も台頭の勢いが著しい、安全保障上の重大な懸念対象である。インド海軍の『海洋軍事戦略』は、軍事力の使用が必要となるシナリオの項で第一に「隣国との紛争、または地域外の大国との衝突」をあげており、パキスタンおよび中国に対する関心が強いことを示唆している[29]。しかしながら、インドの安全保障当局者は中国を「脅威（threat）」として明言することを避け、「挑戦（challenge）」や「懸念（concern）」などの表現を使うことが多い[30]。二〇一四年九月のモディ首相訪日に際し、日本側が目指していた外務・防衛閣僚レベルの「2＋2」対話の設置に合意できなかったのは、「インドにとって中国は最大の貿易相手国で、この時期に中国を刺激するのは得策でないと判断した」からであるとの見方もある[31]。さらに、脅威認識の相違から、日印両国がいわゆる「中国脅威論」によって関係を深めることは適切でないという議論もみられる。インドの安全保障にとって、中国との陸上国境、インド洋の安全およびパキスタンに対する中国の支援が死活的であるのに対し、日本にとっては、島嶼や海域、東シナ海の安全、北朝鮮に対する中国の支援といった問題が死活的であり、日印間には根本的な利害の相違がある[32]。このため、仮に「中国脅威論」を基礎として日印協力を進めたとしても、それぞれが死活的と考える問題の解決にはつながらないという論理である。

ところで、近年の印中間にみられる「協調と警戒のアンビバレントな関係」から我が国が学ぶべき点もある。本章の冒頭、この関係について「不可解といってよいほど対立・緊張と融和・協調が入り交じったもの」であることを指摘した。このことは、二〇一三年四月以降の半年間、特に顕著である。同年四月半ばに中国軍約三〇名がジャンムー・カシミール州ラダックの実効支配線を越えてインド側に侵入してから同年秋まで、第一線では一触即発の状態が続いたが、この間、首脳・閣僚級の交流は活発に行われた。五月にはクルシード外相が訪中する一方で李克強首相もインドを訪問、七月にはアントニー国防相が訪中、一〇月にはシン首相が訪中するというペースである[33]。一〇月の首脳会談では、「国境防衛協力協定」が調印され、国境問題が軍事衝突にエスカレートすることを防止する方策が講じられた。印中両国とも自国に対するプライドは高く、国境問題のように主権が絡む問題で容易に妥協するような国民性ではない。一方、ヒマラヤの辺境での小競り合いが両国間の全面的な軍事衝突になって自国の国益を損なうことだけは、なんとしても避けたいというプラグマティズムを持ち合わせているように見受けられる。前述のアルン・サーガル退役陸軍准将が指摘するようにプラグマティズムとナショナリズムのバランスを保つしたたかな姿勢である。我が国の立場から中国との関係を考える場合においても、主権、民主主義、法の支配、力による現状変更否定などの原則を貫くと同時に、例えば東シナ海で自国民を危険に陥らせるような事態を回避するための協力を進めるという実利を求めることが重要である。

◆多国間における安全保障協力の場を通じての協調機運醸成

国連平和維持活動（PKO）をはじめとする多国間の安全保障協力の場において、日本が印中両国と協力を深める可能性は大きい。印中両国は国連PKOには積極的であり、二〇一三年一二月現在、インドは国連加盟国中三位にあたる七八四九名、中国は一五位にあたる二〇二三名の軍人および警察官を派遣している[34]。インドはもっとも早い時期から国連PKOに軍を派遣している国のひとつであり、一九五六年には、ガザ地帯のPKOに歩兵大隊を提供したし、一九六一年にはコンゴでの活動に陸空軍の部隊を派遣している。また、インド軍は一九九三年～一九九四年のソマリアでの活動にも参加しており、この間に十数名の犠牲を出している[35]。中国軍が国連PKOに部隊を派遣したのは、一九九二年のカンボディアが最初である。この活動では、日本の自衛隊施設部隊とともに道路補修を担当し、カンボディアのインフラ整備に貢献した。米国防省年次報告『二〇一四年版中国の軍事及び安全保障に関する展開』は、中国が国連加盟国中六位にあたる財政負担を分担していること、国連PKOの一〇%にあたる要員を国連活動のために派遣し、安保理常任理事国としては最大の貢献国となっていることを評価している[36]。

現在、我が国は南スーダンにおける国連PKOに司令部要員三名と施設部隊約四〇〇名を派遣しているが、このミッションには印中両国も参加している。平成二六年版『防衛白書』は、南スーダンにおける国連PKOやイラク人道復興支援活動などの場面でオーストラリア軍との協力関係を深めてきたことを強調しており、現在でも二名のオーストラリア軍要員が日本隊の対外調整班において業務調整を行っていることを特記している[37]。日中・日印間においても、このような形で協力関係を深めることを通じ、相互の理解を増進し、信頼を醸成することの意義は大きい。

南シナ海における航行の自由と安全を巡る協力という点においても、日本はインド、中国を含む域内諸国と協力することができる。我が国にとって、西太平洋、東シナ海、南シナ海およびインド洋を経てペルシャ湾にいたる海域における航行の自由と安全は死活的な問題である。この点、世界最大の民主主義国家であり、また、我が国と普遍的な価値を共有するインドが、インド洋における航行の自由と安全を確保するための能力を充実し、その責任を負うことはありがたい。これに加え、近年インドが南シナ海への関心を高めていることはさらに心強い。南シナ海は、我が国とってはもちろん、韓国や東南アジア諸国、さらに中国にとっても重要な海上交通路となっており、いわば多くの国が利益を共有する海域である。一方、南シナ海には南沙諸島をはじめ多くの領土係争が存在しており、島嶼の領有権や海洋権益を巡って域内諸国が衝突するケースも珍しくない。しかしながら、そのような衝突がエスカレートして南シナ海全体における航行の自由と安全が損なわれるような事態と化せば、当事国を含め、我が国をはじめとする多くの国にとって重大な影響をもたらすこととなる。したがって、このように死活的な利益を共有する諸国は、この海域の平和と安定のために協力すべきであり、また、そうする動機も強いはずである。この点、台頭目覚ましい大国であるインドが、この利益を共有し、南シナ海の安全に対する関心を深めることは地域にとって望ましいことである。インドは「ルック・イースト政策」の下、東アジア、特にASEAN諸国との政治・経済面での関係を深めてきた。最近では、安全保障面においても東アジアへの関心を高めており、海軍の活動は南シナ海以東においても活発になっている。二〇一二年六月、インド海軍は艦艇四隻を横須賀に寄港させ、海上自衛隊と初の共同訓練を行った。このインド艦隊は、日本訪問に先立ちベトナム、フィリピンおよび中国を訪問しており、横須賀からの帰路にはマレーシアおよびシンガポールに寄港した。インドは、南シナ海における航行の自由と安全という利益を共有する主要な存在になりつつあると言える。

アフガニスタンにおける復興支援活動においても、我が国や中国がインドと協力する可能性は大きい。日本は、二〇〇一年九月以降、総額五三・九五億ドル(二〇一四年四月現在)に及ぶ支援を行うとともに、二〇一二年七月には「アフガニスタンに関する東京会合」を主催するなど国際的な復興支援活動の主導的な役割を担ってきた[38]。インドも近年アフガニスタン支援に対して積極的な姿勢を示しており、上記東京会合に先立つ六月末、デリーにおいて関連イベントを主催し、アフガニスタンの経済面における潜在性を紹介して民間投資を誘致するなど、具体的な努力を進めている。この背景には、二〇〇〇年代後半以降、インド・アフガニスタンの関係が急速に改善されたことがある。二〇一一年、インドはアフガニスタンとの間で戦略的パートナーシップ協定を結び、その翌年には「中央アジア連接(Connect Central Asia)政策」を公表し、地域安全保障においてこれまで以上に大きな役割を果たす姿勢を明らかにした[39]。一方、このようなインドの姿勢変化について、「アフガニスタンにおけるインドの影響力を高めることでパキスタンを牽制し、その立場を有利なものとしようとしている」との見方もあり、このことがアフガニスタン国内でのインドに対するテロを誘発していると観測する向きもある[40]。中国も二〇一二年に自国が主導する上海協力機構（SCO）の枠組み内で、アフガニスタンをゲスト国から準メンバーであるオブザーバーに格上げするなど、アフガニスタンとの関係を強化している。新疆ウイグル自治区におけるウイグル人分離主義者はアフガニスタンやパキスタンで訓練を受けたと考えられており、中国にとってもアフガニスタンがテロリストの温床とならないよう、その安定を図ることは国益に合致する。中国やインドがアフガニスタン支援に積極的な背景にいかなる思惑があるかにかかわらず、アフガニスタンが安定した国家になることは重要であり、このための努力を進めるに際して、日本が台頭勢力である両国と協力することの意味は大きい。この場合、特にインドとの協力に関して、反パキスタンあるいは反イスラムとの印象を与えないような配慮が必要である。

◆印中両国の核政策と我が国の立場

中国は核兵器不拡散条約（NPT）の下での核兵器保有国である。一九九八年、インドがNPT体制の枠外で核兵器保有国となったことはすでに述べた。我が国がこれら両国と安全保障面において協力・協調する際、NPT体制を中心とした核兵器拡散防止の努力を助長するよう求めることはきわめて重要である。一九九八年にインドおよびパキスタンが核実験をした後、北東アジアでは、北朝鮮が二〇〇六年、二〇〇九年および二〇一三年に核実験を行っており、防衛省は北朝鮮がすでに「核兵器の小型化・弾頭化の実現に至っている可能性も排除できない」と警戒している[41]。唯一の被爆国であり、究極的には核兵器の廃絶を目指す我が国としては、核兵器のない朝鮮半島を実現することは必須である。中国に対しては、核兵器国として自国の兵器を確実に管理することと、核兵器を削減するための交渉に取り組む義務を誠実に果たすことを求め続けなければならない。また、北朝鮮の核兵器計画に対しては、中国が、我が国を含む六者協議のメンバー国と協力しつつ、責任ある立場で北朝鮮に対して影響力を行使するよう促すことも重要である。インドとパキスタンがカルギル紛争において核戦争の瀬戸際に立ったことは前に述べた。インドに対しては、核兵器の確実な管理と削減を求めるだけでなく、パキスタンとの間の緊張が核レベルにエスカレートする危険が高いことに鑑み、両国間関係の改善を求めていくことが必要である。

おわりに

本章では、印中両国の軍事態勢を観察し、我が国の安全保障にとってどのような含意があるかを考察してきた。その結果は次の四点に集約することができる。

第一に、二〇三〇年頃の中国およびインドを考える場合、ともに軍事的な意味において急速に台頭する強大国家として注目すべき存在である一方、現在、他の追随を許さない米国の軍事力と比較した場合には、その優位を覆すほどにはならないということが明らかになった。中国の軍事支出が早ければ二〇二〇年ころまでに米国と同じ水準になり得るということは前に指摘した。一方、米国がこれまでに蓄積してきた底力を考えれば、その時点で中国の軍事力が米国のそれを凌駕する訳ではないし、米国が多くの同盟・友好国を持っていること勘案すれば、力の均衡が一方的に崩れる訳でもないことにも配意すべきである。

第二点は、印中両国が軍事的な協力関係を強化し、米国に挑戦する勢力になるようなシナリオの蓋然性は高くないということである。印中関係が「協調と警戒のアンビバレントな」ものであることは前に述べた。両国として、軍事衝突を回避するために協調関係を模索してはいるものの、国境やチベット問題を巡る対立は根深く、軍事面における全面的な協力関係に発展する可能性は低い。また、両国の影響力が強い地理的範囲はヒマラヤ山脈と南シナ海によって分割されており、いずれかが相手の勢力圏に深く進出して相手を屈服させることは困難だという事情もある。ジャーマン・マーシャル・ファンドのダニエル・トワイニングは、将来のインドについて「中国一極が支配するアジア秩序の下に入るような妥協はしないであろう」と述べているが、インドが自らの勢力圏を持っていることからも、妥協せずに自国の立場を貫くことは可能である[42]。トワイニングは、さらに、インドが中国と結託(bandwagon)する方向を選ぶか、逆に中国に対抗して均衡を図る(balance against)か、という問いを考える場合、後者の可能性が高い、すなわち、中国に対抗する側に加担するであろうと結論づけている[43]。

第三点は、第二点で述べたように、インドと中国が結託する可能性は低いと考えてよい一方、インドが中国に対抗するために米国や我が国などと連合するようなケースを考えてはならないということである。サミュエルズ・インターナショナル・アソシエイトの上席研究員スーラブ・グプタは、CSISパシフィックフォーラムの電子雑誌PacNetに投稿した論考の中で、米印関係について「主として中国との関係という視点から見るべきでなく、特に軍事協力に関しては、インド洋・太平洋地域における多国間安全保障協力に資する方向を目指す方がよい」としている[44]。インドを巻き込んで、中国に敵対するグループを作るのではなく、中国を含めた、多国間協力の枠組みを目指す上で、インドと協力すべきだという指摘である。冒頭に引用した米国防省の二〇〇六年版『QDR』は、台頭する勢力が建設的な方向に向かうよう影響力を行使し、より良い戦略環境を形成(shape)すべきであるとしている。中国に対する政策の中核は「関与(engage)」と「備え(hedge)」であろう。我が国の立場から言えば、「関与」、すなわち日中関係をより良好で建設的なものとする努力を続ける一方、たとえば、南西諸島のように両国の力が交錯する地域では、堅固な防衛体制を構築して「備え」を怠らないということになる。前者に関しては、たとえば、国連PKOや国際的な人道援助や災害復旧のような多国間協力の場面で、インドと協力しつつ中国との関係を深めていくといった施策が必要となる。

第四点は、我が国と印中両国という二大台頭勢力との関係を考える場合には、現実的でしたたかなアプローチが不可欠だということである。前に述べたように、印中関係は緊張と警戒が入り交じった複雑なものであり、両国の外交から我が国が学ぶべき点は多い。日中両国は、一衣帯水の隣国であるとともに経済的な相互依存が強い関係にあるが、政治的には、特に二〇一二年に我が国政府が尖閣諸島の三島を購入して以来、険悪な関係が改善できない状態にある。翻って印中関係をみてみると、二〇一三年には国境問題を巡って一九六二年の中印戦争以来最悪とすら言える状態にあったが、同時に両国間の衝突を回避するための首脳外交を通じて「国境防衛協力協定」の締結にいたっている。我が国としても中国との間で緊張が続くなか、主権、民主主義、法の支配、力による現状変更否定などの原則を貫くと同時に、たとえば東シナ海で自国民を危険に陥らせるような事態を回避するためのメカニズム構築を目指して、自衛隊と中国軍が具体的な協議を進めるといったアプローチが必要である。

インドと我が国の関係に関しても、違った意味で現実的でしたたかな姿勢が必要である。前述の通り、モディ首相が就任後初の外遊先に日本を選び、二国間関係が「特別な戦略的グローバルパートナーシップ」に引き上げられるなど、日印関係は急速に緊密になりつつある。先に引用したグプタは、PacNetに投稿した論考のなかで、米印間の共同訓練や武器提供などに関する安全保障協力が米国の期待ほど進展していない例を列挙し、米印関係の進展に過大な期待が禁物であることを指摘している。日印防衛協力の場面でも、近年共同訓練や防衛交流・安全保障対話が進む一方、インド特有の官僚機構や意思決定プロセスを背景として、すでに合意を得ている施策の実現が遅延するケースも多く、粘り強く合意の実行を求めていく姿勢が必要である。

印中両国は、急速に台頭する新勢力であると同時に、長い歴史とそれぞれ独特の文化を持つ個性豊かな古参大国でもある。我が国にとって両国との関係は政治、経済、安全保障などさまざまな面において重要であるが、両者ともに一筋縄ではいかない強者であり、政治・外交の分野において最高の手腕が要求される相手でもある。

註

1―U.S. Department of Defense, *Quadrennial Defense Review 2006 (QDR 2006)*, pp. 28-30.

2―International Institute for Strategic Studies (IISS), *Military Balance 2014*, Routledge, 2014, pp. 230-246.

3―IISS *Military Balance 2014*, pp. 486-492.

4―防衛省、平成二六年版『防衛白書』、三五頁。

5―国際戦略研究所、二〇一三年版『ミリタリー・バランス』は、米国の国防予算が大幅に削減され、中国の軍事支出の伸びが二〇〇一年から二〇一一年までの平均伸び率一五・六%を維持する場合には二〇二五年頃に中国の軍事支出が米国のそれを上回ると予測している。一方、中国の軍事支出の伸びが五%程度にとどまり、かつ米国の国防予算が二〇一二年の大統領勧告通り認められる場合、その時期は二〇五〇年前後になるとの見積もりを示している。IISS, *Military Balance 2013*, Routledge, 2013, p. 42.

6―国際戦略研究所『ミリタリー・バランス』の各年版には各国の軍事支出が記述されているが、過去数回推計要領が変わっている。このため、たとえば中国の軍事支出の推移を二〇年以上にわたって観察する上では、推計要領の違いによる凹凸が生じ、正確な観察は難しい。ここでは、単純に各年版の数値を積算したので、総額の絶対値にはあまり意味はないが、各国を比較する上では参考となり得る。

7―西原正および堀本武功編『軍事大国化するインド』亜紀書房、二〇一〇年、九五頁。

8―U.S. DoD, *QDR 2006*, p. 28.

9―長尾賢「インドの戦略の発展」（学習院大学平成二三年度博士学位論文）、四一頁。

10―平和・安全保障研究所、西原正編『再起する日本：緊張高まる東、南シナ海（年報［アジアの安全保障二〇一四―二〇一五］）』二〇八頁。

11―平和・安全保障研究所、前掲書、二〇八～二〇九頁。

12―Christopher J. Pehrson, "String of Peals: Meeting the Challenge of China's Rising Power Across the Asian Littoral," p. 3. http://www.strategicstudiesinstitute.army.mil/pdffiles/PUB721.pdf（二〇一四年八月三一日アクセス）

13―ibid.

14―Richard D. Marshall Jr., 2The String of Pearls: Chinese Maritimme Presence in the Indian Ocean and its Effect on Indian Naval Doctrine," http://www.dtic.mil/dtic/tr/fulltext/u2/a574434.pdf（二〇一四年九月四日アクセス）

15―Andrew Selth, "Chinese Whispers: The Great Coco Island Mystery," *The Irrawaddy* (January 2007), http://www2.irrawaddy.org/print_article.php?art_id=6640（二〇一四九月四日アクセス）.

16―U.S. Department of Defense, Annual Report to Congress "Military and Security Developments Involving the People's Republic of China 2014, p.37.

17―Richard D. Marshallは、前掲論文において「（インド洋周辺の）沿岸国における中国の活動は、実態として軍事的ではなく経済的な面が強い。」と結論づけている。

18―長尾賢、『インドの戦略の発展：大国としての軍事力運用方法』（学習院大学大学院二三年度博士学位論文）、二五三頁

19―米国国防省は、将来、中国の接近拒否（Anti-Access/Area-Denial）能力の影響を克服しつつ作戦を遂行することに腐心している。中国海空軍戦力特に潜水艦、対艦ミサイル、爆撃機などの影響により、第二列島線（グァム南北の線）、および第一列島線（南西諸島～東シナ海東部）以西で行動する上での制約が増しているからである。このことは、インドを含め米国以外の海軍にとっては、中国海岸線から近い海域で行動する場合には決定的な影響を受けるということを意味する。

20—"Nuclear Anxiety: Indian's Letter to President Clinton On the Nuclear Testing," *New York Times*, May 13, 1998. http://www.nytimes.com/1998/05/13/world/nuclear-anxiety-indian-s-letter-to-clinton-on-the-nuclear-testing.html

21—長尾賢、前掲書、一五三～一六六頁。

22—ibid.

23—Bruce Riedel, "American Diplomacy and the 1999 Kargil Sumit at Blair House," Center for the Advanced Study of India, University of Pennsylvania.

24—M. V. Ramana and Zia Mian, "The Nuclear Confrontation in South Asia," *SIPRI Yearbook 2003: Armaments, Disarmament and International Security*, Oxford University Press 2003, New York, pp. 197-198.

25—"From Surprise to Reckoning: Kargil Committee Report Executive Summary. http://fas.org/news/india/2000/25indi1.htm

26—外務省『日インド特別戦略的グローバルパートナーシップのための東京宣言』、http://www.mofa.go.jp/mofaj/files/000050478.pdf

27—マーティン・ジェイクス(松下幸子訳)、『中国が世界をリードするとき(下巻)』ＮＴＴ出版、二〇一四年、二九二頁。

28—Arun Sahgal, "China's Military Modernization: Responses from India," Ashley J. Tellis and Travis Tanner (ed.), *China's Military Challenge*, The National Bureau of Asian Research.

29—IHQ, MoD, *Freedom to Use the Seas: India's Maritime Military Strategy*, p. 60. http://www.irfc-nausena.nic.in/irfc/ezine/maritime_strat.pdf(二〇一四年九月六日アクセス)

30—西原正および堀本武功編、前掲書、一五三頁。

31—『日経新聞(二〇一四年九月二日)』三頁。

32—Toru Ito, "'China Threat' Theory in Indo-Japan Relations, Takenori Horimoto and Lalima Varma (ed.), Manohar Publishers and Distributors, 2013, pp. 120-125.

33—平和安全保障研究所、前掲書、二〇八～二〇九頁。

34—Ranking of Military and Police Contributions to UN Operations, 31-Dec-13.d

35—スティーブ・フィリップ・コーエン（堀本武功訳）『台頭する大国インド：アメリカはなぜインドに注目するのか』明石書店、二〇〇三年、二〇四〜二〇五頁。

36—U.S. DoD, "Military and Security Developments Involving the People's Republic of China 2014, p.2.

37—防衛省、平成二六年版『防衛白書』、三〇五頁。

38—外務省ＨＰ http://www.mofa.go.jp/mofaj/files/000019265.pdf（二〇一四年九月七日アクセス）

39—IISS, *Military Balance 2013*, p. 259.

40—防衛研究所『東アジア戦略概観２０１４』、二七六頁。http://www.nids.go.jp/publication/east-asian/j2014.html（二〇一四年九月七日アクセス）

41—防衛省、平成二六年版『防衛白書』、一九頁。

42—Daniel Twining, "India's New Leadership and East Asia-2," *The Asan Forum*, http://www.theasanforum.org/indias-new-leadership-and-east-asia-3/,（二〇一四年九月一四日アクセス）

43—ibid.

44—Sourabh Gupta, "A US-India Strategic Reset: Geeing back to basics," *CSIS Pacific Forum PacNet*, http://csis.org/publication/pacnet-67-us-india-strategic-reset-getting-back-basics,（二〇一四年九月一四日アクセス）

第4章 印中とアメリカの戦略的相互作用

畠山圭一 HATAKEYAMA Keiichi

はじめに

二一世紀前半の国際政治は、アメリカの方針とその展開に大きく左右されるに違いない。いかにアメリカの衰退が叫ばれようと、アメリカの影響力はいまだ分野を問わず絶大であり、世界の諸勢力は自国のパワーを維持するために政治・経済・軍事等の基盤の一部をアメリカに依存している。

もちろんアメリカが果たせる役割は分野や地域によって異なり、そのパワーを積極的に行使することもあれば、抑制することもあろう。だがアメリカが唯一の超大国であることは事実であり、アメリカの戦略動向を把握することなしに、今後の国際秩序を占うことは不可能であろう。

そのアメリカが安全保障戦略およびアジア戦略においてもっとも注視し、懸念しているのが、アジア大陸東部の大部分を占める中国の動向であり、それとは対照的に、安全保障戦略およびアジア戦略における重要パートナーと期待しているのが、アジア大陸南部の大部分を占めるインドである。

今や印中両国はともにアメリカの国際戦略において重要な位置を占め、印中両国間の戦略関係さえも、アメリカの対印政策および対中政策を通してアメリカの戦略動向と密接に結びつけられている。

以下、アメリカがどのような国際認識を持ち、いかなる意図をもってインドおよび中国との関係を構築しようとしているのかを探り、米印関係と米中関係が持つ国際戦略上の意味とその相互作用が印中戦略関係とアジア情勢に及ぼす影響について考察する。

1 アメリカの国際情勢認識と戦略目標

◆アメリカが直面する課題──流動する国際秩序構造とリーダーシップの追求

アメリカの安全保障戦略を考える際、特に留意すべき点は、政策担当者が、今日の国際情勢を過渡期のものととらえ、国際秩序もいまだ形成途上にあると考えている点である。

たとえば、二〇一〇年五月、オバマ大統領は、自身の政権としては初めてとなる『国家安全保障戦略（NSS）』[1]を公表し、その冒頭で次のように述べている。


わが国の歴史において、アメリカ人は幾度も変化の時代に対応し、あるいはそれを方向づけるために立ち上がってきた。今もまたその時である。われらは激動の時代を生きているのである。ここ数十年の間に、自由主義国家の成功、開放された市場、社会的進歩、グローバリゼーションは、前例のないスケールで進展した。それは地球上のあらゆる地域に機会の門戸を開き、何億人もの人々に民主主義を広め、主要勢力間に平和の可能性をもたらした。だが、グローバリゼーションは、国際テロリズムや殺戮技術の拡散から経済的大混乱や気候変動に至る、われらが直面する危険をも増大させた。……一〇年近く、わが国は果てしない暴力と憎しみのネットワークと戦ってきた。イラクでの戦いは終わったが、わが軍はアルカイダとその一味の壊滅・解体・打倒という任務のため、改めてアフガニスタンに集中するよう求められている。これは広範かつ多国間による適切かつ当然の努力であり、われらは国民と同盟国と友好国に対する安全保障の責務を揺るがせにはしない。また、われらが直面している国家・非国家主体・破綻国家による多様な脅威に対しては、わが国の安全を守り、全地球の安全保障を支えるため、今後数十年間、軍事的優勢を維持する。……さらに目前の戦いに挑む際にも、われらは、アメリカが一層強く、一層安定し、挑戦を克服し、世界の人々の希望に訴えかけるような、世界の将来像を展望しなくてはならず、そこに至るため、国家再生と国際指導力獲得のための戦略——アメリカの強さと影響力の基盤を再建する戦略——を追求しなくてはならない[2]。

この記述からもうかがえるように、今日、アメリカが策定する安全保障戦略と関連政策は、国際情勢の安定と維持のための「対応」であるのみならず、新たな国際秩序の構築に向けた「布石」もしくは「基盤づくり」でもある。それゆえ、アメリカの安全保障戦略および関連政策の意味を正しく理解するには、アメリカが思い描く理想の世界像と、そこに至るための戦略目標、選択可能な具体策と手段をどう考え、見積もっているかを、詳細に把握する必要がある。

アメリカが新たな安全保障戦略を本格的に追求し始めた時期は、一九八九年の冷戦終結の前後である。それは当時の戦略報告の多くが示すところであり、当時のブッシュ大統領もまた到来しつつある新時代を体験したことのない未知なる世界と捉えていた[3]。確かに冷戦終結はそれまでの国際構造と戦略環境を一変させる出来事であった。冷戦終結から八カ月後の一九九〇年八月に起こったイラクのクウェート侵攻(湾岸危機)は、イラク以外の冒険主義国家の蠢動をもうかがわせ、一九九一年六月に勃発したユーゴスラビア紛争は世界における民族紛争の激化を予感させた。また一九九一年一二月にソ連が崩壊するとそれまでの国際秩序を支えてきた二極構造は完全に終わり、ソ連崩壊に伴う旧ソ連の大量破壊兵器管理体制の揺らぎは、核兵器・核物質・核技術およびその他の大量破壊兵器(化学兵器・生物兵器・放射線兵器)の第三世界への流出・拡散の懸念を増大させた。

その懸念は、翌一九九二年には現実のものとなった。北朝鮮による核兵器開発疑惑が浮上し、その運搬手段であるミサイル開発と相まって地域の安全保障環境を動揺させ、イランやイラクの核開発疑惑、パキスタンの核兵器保有とともに核兵器不拡散条約(NPT)体制にほころびを生じさせ始めたのである。さらに一九九四年六月の松本サリン事件、一九九五年三月の地下鉄サリン事件、二〇〇一年九月および一〇月の米連邦議会炭疽菌テロは、テロ組織による大量破壊兵器使用という新たな脅威の到来を告げ、二〇〇一年九月一一日に起こった米中枢同時多発テロは国際テロリズムの威力を見せつけ、世界中の人々を震撼させた。

こうした一連の事実は、アメリカに安全保障戦略の根本的見直しを迫るものであった。その見直しは「国際構造・戦略環境の変化」、「それに伴う脅威内容の変化」、「アメリカの国益の再定義」、「戦略目標とその具体的手段」等を包括する広範かつ抜本的なものとなり、政府内のさまざまな機関で分担・遂行された。それが明確な形で体系化されたのは、冷戦終結から一〇年以上の歳月を経た、二〇〇二年のブッシュ政権によるNSS報告であった。以後、その内容は頻繁に見直され、現在も更新・再編が繰り返されている。

◆新戦略の模索

新たな安全保障戦略策定にあたって、その手掛かりになったとされるのが、冷戦終結前年の一九八八年に超党派独立政策調査委員会の「統合長期戦略委員会」が作成した『選択的抑止戦略』報告である[4]。

同報告は、一九八七年一二月に米ソ間で調印された「中距離核戦力(INF：Intermediate Nuclear Force)全廃条約」の下における今後二〇年の国際情勢の変化を予測し、それに対するアメリカの基本戦略を論じ、冷戦終結後の安全保障戦略に関する多くの示唆を含んでいた。たとえば、米ソの全面核戦争とヨーロッパ正面での大規模戦争の可能性は大きく後退したとして、アメリカは核兵器の抑止力の活用対象を「ソ連による大規模攻撃や核攻撃から不測の事態を重視した選択的な軍事対処に転換すべき」との構想を打ち出し、また「日本および中国の軍事大国化」と「三～四の大国が併存する世界の多極化」を予測し、「現在の敵を含むいくつかの異なる大国との間に利益共同体を構築」して、アメリカの「一極支配」を今後も維持すべきとの長期戦略を提起していた。

その認識は一九九三年の国防長官報告『一九九〇年代の国防戦略－地域防衛戦略』に反映された。同報告が注目したのは、冷戦終結とソ連崩壊によってアメリカの国防は対ソ「封じ込め」から解放されたが、反面、世界の至る所で地域的脅威が顕在化し、さらに第三世界に大量破壊兵器と高性能通常兵器が流出している点であった。同報告は全地球規模の戦争に発展する事態は遠のいたが、重要地域の脅威は依然として残っているとして、従来の「封じ込め戦略」に代え「地域防衛戦略」に移行すべきことを提起し、さらに超大国に限定されていた能力を身に着けた第三世界の敵対的国家による攻撃が事前警報無しに起こる可能性を想定し、戦略核抑止戦力の保持と弾道ミサイル攻撃に対する防衛網の構築、前方展開戦力の維持、多様な戦力の迅速な展開、等を提起していた[5]。

一九九六年には、連邦議会超党派専門家委員会による『アメリカの国益』報告が公表され、アメリカの

「死活的国益」として、「①アメリカに対する核・生物・化学兵器による攻撃の予防・抑止および脅威削減」、「②欧州・アジアにおける覇権勢力の出現の阻止」、「③アメリカの国境や海洋支配を脅かす大国の出現の阻止」、「④主要なグローバルシステム・貿易・金融・エネルギー供給・環境の破滅的崩壊の予防」、「⑤同盟国の生き残りの保証」を挙げた。そして次期大統領の主要課題として、「中国の世界参入への対処」、「核兵器・核物質の管理不能への対処と生物・化学兵器の拡散阻止」、「日本および欧州同盟国との信頼性の高い戦略連携の維持」、「ロシアの崩壊、内戦および全体主義復帰の回避」、「唯一無比のアメリカの指導権、軍事力、国際的信頼性の維持」の五項目を提示した[6]。

同年、統合参謀本部も『ジョイント・ビジョン二〇一〇』を発表し、軍事的展望として「アメリカ本土への直接的な軍事的脅威は低下したが国際秩序を破壊するような安全保障上の課題が顕在化してきた」と述べ、「イラクのクウェート侵攻などのような大規模越境侵略」、「潜在的に危険な技術の流れ」、「テロ集団などの国境を越えた危険」、「弾道ミサイル・NBC兵器や情報戦等によるアメリカ本土への攻撃」、「破綻国家がもたらす地域の不安定化」、「敵対勢力による非対称的手段の使用」、「グローバル・レベルの競争国の出現」などをその具体例として示している[7]。

さらに一九九八年に対議会報告『米国に対する弾頭ミサイル脅威評価委員会報告』(ラムズフェルド委員会報告)[8]が、一九九九年に国家情報委員会『二〇一五年までの海外のミサイル開発と弾頭ミサイルの脅威』[9]が発表されると、弾頭ミサイルの脅威と大量破壊兵器およびその運搬手段の拡散がもたらす安全保障上の脅威についても強い関心が寄せられるようになった。

二〇〇一年の『四年ごとの国防計画見直し(QDR)』には、まさにこうした一連の問題意識が集約されていた。同報告は安全保障環境として、「非対称脅威テロの多発」、「大量破壊兵器の拡散」、「アジアにおける膨大な資源を有する軍事大国の出現」、「軍事における革命」、「宇宙・サイバー空間での軍事競争」などの可能性を指摘し、不特定の主体からなされるあらゆる攻撃の可能性に対応するために、国防計画を、従来の仮想敵を想定した「脅威対応」から、想定される攻撃方法に対処する「能力対応」に変更するという新たな戦略発想を提起するとともに、「ミサイル防衛」や「作戦目標変更、統合作戦強化、組織改編などを含む軍事再編」といった基本方針を明示していた。

以上のように、二〇世紀最後の一〇年間、冷戦終結後の国際社会が「多極化」と「グローバル化」へと急速に進展するなかにあって、アメリカは自らの優越的指導力を維持し続けるため国際新秩序形成に向けた戦略を着々と構想していたのである。

その成果はブッシュ政権が策定した二〇〇二年版『NSS』にまとめられ、アメリカの安全保障戦略の目標として、「人間の尊厳の擁護」、「国際テロリズム打倒に向けた同盟強化」、「地域紛争解決のための協力」、「敵国による大量破壊兵器の脅迫の排除」、「自由市場と自由貿易によるグローバル経済成長時代の促進」、「主要なグローバル勢力との協力事項の開発」、「二一世紀の挑戦と好機への対応を目指した国家安全保障組織の再編」等を掲げた。それらの構想はブッシュ政権下で個別政策に具体化され、以後、見直しや改善を積み重ねつつ（表4－1参照）、現在のオバマ政権にも引き継がれている。

◆アメリカの国際認識と安全保障戦略の意図

これらの報告および表4－1から読み取れるアメリカの国際認識は次のようなものである。

●グローバル化の進展は、アメリカに卓越したパワーをもたらし、アメリカは史上初の世界覇権国とし

2010年「国家安全保障戦略(NSS)」

- 軍事力行使を外交努力が無効となった際の最終手段と規定
- 北朝鮮、イランの脅威を強調
- 中国、インドとの協力を追求
- アメリカ経済を安全保障戦略の一部分に位置付ける

2010年「4年ごとの国防計画見直し(QDR)」

- アフガニスタン、イラクでの勝利を目指す
- 中国軍の近代化、中距離弾道ミサイル、潜水艦、サイバー攻撃、空母を懸念
- テロ対策の強化
- サイバー軍の強化　サイバー司令部の設置
- 偵察衛星など宇宙からの脅威
- 在日米軍再編計画の着実な実施―長期間にわたる日本駐留とグアムの再編

2011年「サイバー戦略」

- サイバー空間を陸、海、空、宇宙空間に次ぐ第5の新たな戦場と規定
- 破滅的ダメージを企図した敵の攻撃を、コンピュータウイルス等を使ったサイバー兵器で粉砕

2012年「国家防衛戦略(NDS)」

- 中国の台頭を念頭にアジア太平洋地域への戦力重点化
- 中国とイランを「精密兵器で米国の前方展開に対抗する手段を追求し続けている」と強く批判
- アジア太平洋地域での展開力強化とアジア太平洋方面に関する国防費額の維持

2014年「4年ごとの国防計画見直し(QDR)」

- 米軍の指導力維持、および確実で現実に即したアジア重視戦略を基調とする
- 予算削減に伴う兵力削減を機動性と装備近代化で補完
- 同盟国・友好国の貢献の重要性を強調

ての地位を獲得している。

- EU、ロシア、中国などが国家意識や周辺諸国への影響力を強め、主要国同士のパワー・ゲームの予兆が見られる。
- 情報通信技術の急速な進歩により、革新的技術の登場が新たな兵器やシステムの開発を可能とし、戦術や軍事組織の革命的な変化、すなわち「軍事における革命(RMA:Revolution in Military Affairs)」が生じている。
- 冷戦終結とともにイデオロギー対立が消滅し、民族感情や宗教的アイデンティティが説得力を持ち始めた結果、「国家は国益を合理的に計算

表4-1 9.11以降のアメリカの国家安全保障戦略に関する主な報告とその要点

2002年「大量破壊兵器と戦うための国家戦略」
- 大量破壊兵器拡散に対する対抗措置・より積極的な拡散防止・使用された場合の対応

2003年「テロと戦うための国家戦略」
- テロリストとの長期戦を覚悟し、テロ・ネットワークの破壊によるテロ攻撃の未然防止

2006年「国家安全保障戦略(NSS)」—2002年「国家安全保障戦略」の改訂版
- テロリストやならず者国家に対する先制攻撃の選択肢の維持
- 地域紛争緩和に向け、紛争解決について同盟関係の活用と外交交渉・国際協調の重要性を強調
- 主要なグローバル・パワーと協働するための課題の発掘
- テロに加えて「大量破壊兵器と圧政体制の結びつき」を新脅威と規定
- 圧政に終止符を打つことを最終目標とする民主化運動の支援促進
- 東アジアにおける制度的枠組み構築に向けた米国と主要国との健全な二国間関係基盤の確立
- 中国に正しい戦略的選択を促す

2006年「4年ごとの国防計画見直し(QDR)」
- イスラム過激テロの撲滅
- 大量破壊兵器WMDの拡散防止と使用の阻止
- 中・露など「戦略的岐路にある国家群」に敵対的道を選ばぬよう促し、万一の事態にも備える

2008年「国家防衛戦略(NDS)」
- テロとの戦いは依然として国防軍事の第一優先事項
- 「長期戦争」への軍事力使用以外の手段を含む多様なアプローチ
- 「イレギュラーな脅威」と「伝統的・常套的な戦争」との間のリスクのバランスを取る
- 外交を重視し国際援助・協力を通じた「ソフト・パワー」により重点を置く必要を強調
- イラン・北朝鮮を「国際秩序を脅かす」として憂慮
- 中国・ロシアとの協力・協調の構築は中国・ロシアの潜在的脅威に対するリスク・ヘッジ
- 同盟国相手としてのインドへの期待

して行動する」という国際政治の大原則が通用しない場面が増え、従来の外交戦略である「抑止」や「強制外交」に限界が生じている。

- グローバル化の進展が反グローバル主義、反米主義を発生させ、かつ助長しており、グローバル化の恩恵から取り残された地域に「テロの温床」が形成される可能性がある。
- 不特定主体による事前予測困難な、大量破壊兵器や高性能兵器を用いた攻撃の可能性がある。
- 国際テロリズムと大量破壊兵器拡散の脅威が顕在化している。

アメリカはそうした国際認識を前提に、次のような戦略方針で国際情勢に臨もうとしている。

- 一つ目は、潜在的挑戦者への警戒を怠らず、対抗能力を維持し、必要な態勢を整え、可能な限り相手との対峙を回避し、相手に対する牽制・制御・関与で対処することを優先するということである。二〇〇二年版『NSS』は「アメリカや同盟国に対するいかなる国の企ても打倒する能力を維持する。アメリカの圧倒的優位にいかなる国も対抗することを許さない。アメリカを凌ぎ、あるいは対等になるために軍事力増強を図ろうとする潜在敵国の意図を思い止まらせる」と述べ、二〇〇六年版『QDR』は「戦略的岐路にある国家」として中国・ロシアを明記し、両国の権威主義的政治志向を明確に牽制している。また二〇一〇年NSSも中国に「国際社会で責任ある指導的立場に立つこと」を求め、中国の軍事近代化計画を「注視し、適切に備える」と記述している。
- 二つ目は、国際テロリズムには強硬姿勢を貫き、主要各国にも協力を取り付けるということである。国際テロリズムの阻止のみならず、その温床となっている各種の課題にも国際協力を通じて対応し、ならず者国家を牽制し、この点ではロシア・中国を含む主要勢力にも妥協を許さないという姿勢を崩していない。二〇一〇年版『NSS』は「イスラム教徒は敵ではない」と明確に述べ、アメリカは現在も「国際テロ組織アルカイダと交戦状態にある」ことを宣言している。
- 三つ目は、大量破壊兵器への積極的な拡散防止・拡散対応・防御を包括した新たな軍縮・軍備管理政策の採用である。防御策としての「ミサイル防衛システム」や拡散対応としての「拡散安全保障構想（PSI：Proliferation Security Initiative）」はこの一例である。二〇一〇年版『NSS』は、核兵器などの大量破壊兵器の拡散を「最も深刻な脅威」と規定し、それを阻止するために国際的連携を進める立場を明確にしている。また北朝鮮とイランには「多角的な措置を講じて、国際的な不拡散の規範に従わせる」としている。

- 四つ目は、本土防衛を確固たるものにし、同盟国および友好国との関係を一層強固にすることである。本土防衛については、大規模テロ、弾道ミサイル攻撃、サイバー攻撃等のさまざまな攻撃への対応が考えられるが、特にテロおよび弾道ミサイル攻撃については同盟国、友好国、その他諸国との連携が重要と考えている。二〇一〇年版『NSS』は、日本や韓国などとの同盟関係について「アジアの安全保障の基盤」であり、「アメリカとの対等な協力関係に立脚して、持続可能な米軍駐留基盤を確保する」と述べ、二〇〇八年および二〇一二年の『国家防衛戦略(NDS:National Defense Strategy)』報告にはインドとの関係構築の重要性が指摘されている。この背景には、必要とあればあらゆるエリアに軍事力を投入できることが、グローバル・パワーとしてのアメリカに対する信頼性を維持するカギであり、紛争が生起する以前から演習の実施、海外基地の整備、補給能力、前方展開能力の維持が必要になるとの考えがある。

アメリカは、ロシア・EU・中国の各勢力を米露関係・米欧関係・米中関係を通して巧みに操りながら各勢力に関与し、グローバル・バランスを主導的に制御しようとしており、同時に「国際テロリズム」や「大量破壊兵器拡散」については、それらの各勢力を協力体制の枠組みに取り込もうとしていると考えられる。また、こうした各勢力に対する「牽制」と「協力」という、性格の異なる目的を両立させるため、アメリカは同盟国・友好国との連携・協力・共同対処が不可欠と考え、さらに、そうした連携・協力・共同対処のためにも、宇宙およびサイバースペースの重要性が増していると考えていることがうかがえるのである。

アメリカが志向する米中関係も米印関係もこうした戦略発想の下に構想されていることは間違いないであろう。次節では、米中関係および米印関係について、アメリカと、その相手である中国およびインドが抱くそれぞれの思惑と計算について考察し、アメリカの戦略構想がもたらす印中戦略関係およびアジア情勢への影響を考える手がかりを獲得する。

2　米中関係と米印関係

◆アメリカにとっての米中関係と米印関係の位置づけについて

アメリカにとって米中関係と米印関係の間には明らかに位置づけの違いがあり、米中関係と米印関係を並列的、並行的にとらえることはできない。この位置づけの違いには、アメリカが抱く冷戦後の国際情勢認識が反映していると考えられる。

冷戦後の国際社会において見過ごしにできない国際安全保障上の重要な事実は、中国が冷戦後のグローバル化を背景に強大な経済力を獲得し、その経済力を政治力の拡大と軍事力の増強に転換するという大国化への「術」を獲得したかに見える点である。その結果、中国は将来、地域覇権国となり、さらに国際社会で一つの「極」を形成する可能性が十分考えられる。しかも国内の急速なナショナリズムの高まりや地域分裂の兆しはいずれも中国を膨張主義的方向へと走らせかねない。

アメリカの戦略家ズビッグニー・ブレジンスキーは、中国の支配層が、中国こそが世界の中心であるべきであり、偉大な中国の一五〇〇年以上に及ぶ凋落を中国にとっての屈辱ととらえ、その原因がイギリス、日本、ロシア、アメリカにあると認識していると指摘している。そのうえで、彼は、国際戦略環境の将来見通しとして米・仏・独・露・中による「覇権競争」を想定し、中国は世界大国とはいえないまでも、アジアの大国として圧倒的な力を持つ可能性が大きいと分析している[10]。

また、アメリカの現実主義・国際政治学者のジョン・ミアシャイマーは、冷戦終結直後から、国際構造は米・中・露による「多極」構造を成しているとし、中国が地域覇権確立に十分な「軍事的潜在力」を得るには時間を要するにしても、その発展を逆戻りさせたり、勃興を抑制したりするには手遅れで、アメリカは将来、建設的関与政策を捨てなくてはならないかもしれないと述べた[11]。

さらに、アメリカの戦略学者のサミュエル・ハンチントンは国際構造を文明間の潜在的競争関係ととらえ、各文明がそれぞれの中核国家を中心に階層秩序を形成するとし、中でも「人類史上、最大のプレイヤー」である中国の興隆は恐るべき緊張を国際政治にもたらすとして、米中衝突のシナリオを提示している[12]。

それぞれの結論は異なるが、中国がアメリカに挑戦しうる力を獲得すると予想している点では共通しており、昨今の情勢に鑑みても、米中関係の将来動向が二〇一〇~二〇年代の国際関係全般に多大な影響をもたらすことは疑いえない。しかも米中関係の重要性はもはやアジア太平洋地域の戦略環境に止まらず、その影響は世界全域に及ぶであろう。そのため、アメリカにとって米中関係は国際安全保障戦略を展開するうえでの最重要課題と言わざるを得ない。かかるアメリカにとっては、日米同盟や米豪同盟や米印関係を通して米中関係をコントロールし、そこに米英同盟を加えることで米露間、米欧間のパワー・バランスにも影響を与えるというのが望ましい形であり、それが可能なら、米中関係はアメリカのグローバル・バランス・マネジメントの有効な政治手段ともなり得るのである。

しかし、そのためには、中国との関係を有利に動かし、さらには中国を取り巻く周辺各国との戦略的協力をいかに効果的に引き出すかが重要な鍵となる。そこにこそアメリカの目指す米中関係の狙いがあり、米印関係、米豪関係、日米関係等の戦略上の重要性があるのである。だが、二国間関係は、当然ながら当事者それぞれに思惑と計算があり、その将来を占うには、さらに米中関係および米印関係について各当事者の意図を慎重に読み解く必要がある。

◆米中関係――中国の視点とアメリカの視点

米中関係には複雑な要素が多い。政治、経済、外交、軍事のいずれの分野をとっても協調と対立・競争の要素が混在し、そこに中国社会そのものが持つあいまいさと中国の国内情勢の不透明さが加わり、中国の将来像を描こうにも未知の要素が多すぎる。たとえば、一三億人の人口を抱える経済大国を人類は過去に一度も経験していない。また経済成長を背景に力を持ち始めた域内の人々が近代的な市民としての意識を持ち始めた時、かくも巨大な人口を抱えた地域的多様性に富んだ国家が政治的にも経済的にも社会的にも文化的にも統治可能であるか。仮に可能だとしてもその強大なパワーは世界全体にどのような影響を及ぼすのか。それらのいずれもが予測の域を超えている。

しかも、米中関係そのものについて、アメリカの対中姿勢には他国との関係には見られない独特の情緒的親近感がうかがえ[13]、アメリカの中国観は、「期待と失望」、「好転と悪化」を繰り返し、その将来像も希望的観測と悲観的観測が混在し、政権内もその例外ではない。

たとえば、一九八九年の天安門事件をきっかけに冷却していた米中関係は一九九七年の江沢民国家主席訪米と一九九八年のクリントン大統領訪中を契機に好転し、二〇〇一年以降、外交面では高官の相互訪問や実務者レベルの交流が恒常的に行われ、安全保障面では軍事交流、対テロ協力、北朝鮮核兵器開発阻止に向けた連携等が図られ、経済面でもアメリカ企業の対中投資が活発化し、中国企業の対米投資も開始された。だがその一方で両国は従来から、台湾、通貨、人権、チベットなどの問題をめぐって激しく対立し、二〇〇五年ごろからアメリカは資源エネルギー開発、多国間交渉、地域安全保障をめぐる中国の動きに警戒を強め、二〇〇五年、国務省は、中国政府に「グローバル・システムにおける責任あるステークホルダー」となるように促し、さらに二〇〇六年版『QDR』は中国を「戦略的岐路にある国家」と定義している。

こうした一連の動きから、急速に増大する中国のアジアおよび国際社会に及ぼす影響にアメリカの政策が大きく振り回されることは確実に予測できるものの、米中関係の将来に関するそれ以上の観測はかなり曖昧にならざるを得ない。それに対して、米中関係に横たわる根本の課題はきわめて明瞭で、それは中国の大国化にアメリカとして戦略的にどう対応し、それに対して中国がどう反応してくるかという点である。

こうした米中関係に付きまとう「観測の困難さ」と「課題の明瞭さ」こそが、アメリカに対中警戒感を抱かせ、かつ、曖昧な戦略的態度を取らせる最大の要因と考えられる。

結局のところ、アメリカも中国もそれぞれに最悪の事態を想定し、必要な準備を怠らないという戦略策定の「鉄則」に落ち着かざるを得ず、最悪の事態を想定した両大国の動きは、周辺諸国にさまざまな疑心暗鬼をもたらし、地域情勢を不安定化させることになりかねないのである。

中国にはアメリカの優越を認めつつも、アジア独自の政治的アイデンティティを巧妙に築き上げ、アメリカと結びつかない独自の共同体を作ろうとする意図がうかがえ、アメリカが中国に抱くような情緒的親近感は認められない。むしろ中国におけるナショナリズムの高揚には歴史的屈辱感が裏打ちされているようにさえ見える。長きにわたり東アジアに君臨してきた中国が、現在の地位を屈辱と捉えていても不思議ではなく、また列強に蚕食された領土を取り戻し、屈辱の歴史を一つ一つ解消していくことは中国共産党の使命であるとともに、国家統治の正統性も、侵略勢力への抵抗勢力であったという歴史観に基づいている。中国は一九九二年に定められた「中華人民共和国領海法及び接続水域法」において尖閣諸島、台湾、澎湖諸島、南沙諸島を含む東シナ海・南シナ海の島嶼を中国領域と明記し、中国領海の範囲を琉球列島の東沖にまで拡大している。ここにも、一八四〇年代に最大規模に達した版図を回復したいとする強い願望が示されているように思われる。

しかし、中国が自らの国際的影響力を拡大すべく経済力と軍事力を増大するには、その技術力と資金力を世界覇権国たるアメリカに頼らざるを得ない。要するに中国にとってアメリカは、アジアでの最大の覇権競争者で将来アジアから排除すべき対象ではあるが、現状は、経済発展と競争力強化に欠かせない技術・資本の最大の提供者であり、国際社会でリーダーシップを獲得するためにも最重要の協調相手なのである。そのため、中国は自らの市場を開放し、アメリカや日本をはじめとする海外の資本と技術の投資を呼び込みながら経済成長を果たし、その経済力を軍事近代化と軍備拡張に結びつけてきた。さらに伸張した国力を周辺諸国・第三世界への影響力に転換すべく、第三世界への援助外交や積極的な全方位外交・多国間交渉を展開している。中国が最終的にアメリカとの対決を意図しているかは議論の分かれるところだが、アメリカに対抗できる政治力、経済力、軍事力の獲得を目指しているとの見方は、否定しがたいものがある。

以上のことから、中国にとってアメリカは次の三つの側面を持つ存在である。

【中国にとってのアメリカおよび米中関係】

- **地域覇権の競争者であり、最終的に排除されるべき敵国**——アメリカは中国にとって侵略国の一つであり、最終的には排除されるべき「敵」である。それは中国共産党の存在意義にかかわるテーマであるとともに、アメリカは地域最大のライバルである日本の同盟国であり、中国の勢力拡張を阻止している障害なのである。それゆえ、米中関係は、最大の覇権競争者であるアメリカをアジアから排除するための地域戦略上のもっとも重要な戦略手段でもある。

●**国力増強と周辺諸国への影響力拡大に不可欠な最大の依存相手**――だが、実利的な観点で見れば、アメリカは中国の経済成長を支える資金投資・技術投資の最大の提供国である。中国にとって急速な経済成長なしに軍近代化・軍備拡張は考えられず、その意味でアメリカは周辺地域や海外への影響力拡大にとって欠かせない死活的基盤である。米中関係の安定は海外からの大規模な投資の継続に不可欠であり、それ無しには中国の長期戦略は水泡に帰し、政権存続にも関わりかねないのである。

●**中国の国際的権威を裏付ける最大の後見国**――第二の側面が実利的なものとすれば、これは名目的な観点である。中国が国際的リーダーシップを確立するには良好な米中関係は不可欠である。対テロ戦争や北朝鮮問題等でのリーダーシップの発揮はアメリカとの協力関係の賜物であった。アメリカは「大国たる中国」の国際的地位を裏付ける権威としての役割をもち、中国は、首脳会談や高官レベルの各種交流を通して、自らの国際的地位を高めようとしている。その際に重要なのは、できる限りアメリカと対等に振舞うことであり、米中関係は中国の国際社会でのリーダーシップ確立には欠かせないもっとも重要なファクターなのである。そうした、姿勢は、二〇一三年六月の米中首脳会談において習政権が米中関係についてアメリカ側に提起した「新型大国関係」という概念からも見て取れる。要するに中国にとって米中関係は、アジア太平洋地域からアメリカの圧力を排除し、地域的覇権を確立し、世界的大国としての地位を獲得するうえで欠かすことのできない権威を獲得するための決定的ファクターということになる。

一方、全世界に影響力を持つ世界規模の覇権国・アメリカにとってはグローバル・バランスを制御するためにロシア、EU、中国といった諸勢力を注意深くコントロールする必要があり、国際秩序を安定的に維持するためには、「大量破壊兵器拡散」や「国際テロリズム」のようなグローバルな諸課題解決のためにそれら諸勢力の協力を獲得する必要がある。特に、中国はアジアにおける安全保障上の潜在的挑戦者であるとともに、テロ対策や北朝鮮政策の協力者であり、主要な貿易相手・巨大な投資市場である。それゆえに、対中政策はアジア戦略の主要素であり、対露関係・対欧関係と並ぶ国際戦略全般に影響を及ぼす外交政策の重要な柱なのである。

そうした意味から、アメリカにとって中国は次の四つの側面をもっている。

【アメリカにとっての中国および米中関係】

- **アジア太平洋地域における戦略上の最大の懸念国であり潜在的対抗者**――この観点は、安全保障上から見たものであり、国防総省・軍部・議会の対中脅威論の中に明確に示されている。
- **対ロ関係・対イラン関係の戦略的バランサーかつグローバル・バランス維持の重要素**――ロシアやイランが中国の加担なしにアメリカに対抗することは困難である。このため中国をコントロールすることが国際情勢全般の安定につながる可能性は大きく、ここにグローバルなバランスをマネジメントする重要ファクターとしての位置づけが生まれる。この考えは国務省が追求している中長期戦略と合致する部分が多く、国務省高官は「中国は責任あるステークホルダー（利害共有者）」と発言し、中国に国際社会で応分の責任を果たさせようとしている。

●テロ対策・ならず者国家対策における戦略的パートナー――中国は、国際テロリズム対策や、ならず者国家に対する現在進行中の戦略を展開する上での重要な協力者である。ホワイトハウスの国家安全保障会議（NSC）や国務省の実際の政策に見られる観点である。

●アメリカ経済および国際経済の将来にとって重要な巨大市場――中国は世界的にもきわめて重要な経済・貿易・金融・投資市場である。中国に投じられた多額の資金は、中国との良好な関係をアメリカ政府に迫る、アメリカの金融・経済界による圧力を形成している。この圧力を直接受けるのが財務省であり、中国経済の健全化と安定的成長は世界経済にとってもアメリカ経済にとっても望ましいとする財務省の政策を導き出す大きな理由になっている。

以上のことからも分かるように、アメリカの対中政策を一つの方針、一つの原則で捉えることはできない。そこには中長期戦略に基づくものから現状に即したものまで多様な要素が含まれており、これを矛盾と捉えるべきではなく、むしろ当面は良好な対応が望まれるが中長期的には不透明で、そのために不安感が漂っていると捉えるべきであろう。こうした姿勢は実際の政策にも示され、対テロ戦争では中国と協調し、中央アジア諸国におけるアメリカのプレゼンス確立では、中国包囲網とロシア包囲網を形成し、北朝鮮問題では中国を仲介役に立てることで中国単独での対北朝鮮支援をしにくくさせてきた過去がある。

要するに、アメリカの対中政策は、主要諸勢力による対抗力・抵抗力の形成を阻止し、アメリカ主導の下で国際安全保障協力体制を構築するための重要手段であり、長期戦略上の優位を確保するための布石と捉えることができる。布石だとすれば、決定的対決は避けるのが当然であるが、その一方で、制御可能な状況を造るためのさまざまな装置・戦略が必要となるであろう。次に検討する米印関係はアメリカにとってその一環としての一面を持っていると考えられる。

◆米印関係——インドの視点とアメリカの視点

アメリカとインドとの間における「戦略的パートナーシップ」は、二〇〇四年のハイテク・宇宙分野での協力および二〇〇五年の米印原子力協定の基本合意以来、急速に発展した。今や両国は、経済、安全保障はもちろん、その他さまざまなグローバル課題についても「戦略的パートナーシップ」を追求している。特に、安全保障分野での協力の進展は著しく、アメリカは、インドとの安全保障協力が共通の価値観、国益の共有、テロリズムの打倒・兵器拡散の予防・地域安全保障の維持といった戦略目的の一致に基づいたものであると認識している[14]。

インドがアメリカとの関係改善に乗り出したのは、戦略的パートナーのソ連を喪失したことがきっかけで、それまでの米印関係は良好なものではなかった。インドは一九四七年の独立後、非同盟路線のもとに自主防衛体制を敷き、経済的にも自立を目指し社会主義的経済体制をとり、外交はソ連寄りだった。イギリスの植民地主義に対する反発や、アメリカがインドにとってのライバル国であるパキスタンと緊密な関係にあったことが理由だった。

一方、アメリカも、インドが一九七〇年の「核兵器不拡散条約」に加盟せず、核兵器能力の獲得を目指したことについて、核拡散を助長し周辺地域の核軍拡競争を激化させかねないとして反発しており、インドに対するアメリカの安全保障上の関心は、もっぱら核兵器の拡散抑止と南アジアにおける核対決の回避に限定されていた。

一九八九年の冷戦終結と一九九一年のソ連崩壊は、そうした両国間の戦略的障害を大幅に解消させた。ソ連消滅後にインドが市場を開放し対米接近を図ったことで、核兵器問題を除いて米印関係を阻害する要因はほとんどなくなったからである。インドは巨大な経済的潜在力を持つ国であり、世界有数の軍事大国（世界第三位の総兵力、核兵器保有国、アジアで数少ない空母保有国）である。しかもインドは中国とは異なり、イデオロギー的には自由民主主義国家であり、軍事的にもアメリカの力に挑戦したりアメリカの勢力圏を脅かしたりする可能性は考えにくかった。

もちろんインドにとって市場開放や対米接近は、自らの非同盟主義・自主外交路線を危険にさらしかねない大きな賭けであった。だがインドは冷戦の敗者であり、経済的にも行き詰まっていた。一九九一年、外貨準備高一二億ドルという債務不履行一歩手前の状態に陥ったインドは、一大経済改革を断行し、従来の国家統制経済を捨て大幅な規制緩和と市場開放を実施し、自由主義経済秩序への参入を図ることとなった。

一九九二年からは、米印海軍共同演習が実施されるようになり、二〇〇〇年代に入るとインドは、中国の影響力伸張に対する警戒から東南アジア諸国との防衛協力を進展させ、アジア太平洋におけるアメリカ・日本のプレゼンスを評価し、これらの諸国との連携を示唆するようになった。

一九九八年にインドが核実験を強行したことで、米印関係は一時険悪化したが、わずか二年後の二〇〇〇年には、クリントン大統領がカーター大統領以来二二年ぶりにインドを訪問し、国会演説においてインドを「自然な同盟相手（natural ally）」と形容するまでに発展した[15]。

翌二〇〇一年ブッシュ政権が誕生すると、アメリカは「民主国家の連携」、「核不拡散に向けた二国間対話の強化」という方針を打ち出し、インド重視の姿勢を鮮明にする。また同年四月には、インドのシン外相が訪米し、軍事面を含む新たな協力関係の構築に合意した。同年九月一一日、米中枢同時多発テロが起こると、アメリカは、パキスタンとの緊密な関係の復活を迫られる中で、印パ両国と良好な関係を維持するという「並行外交」に外交姿勢を転換するが、インド重視の姿勢に変更はなく、インド・パキスタン両国に対する拡散問題関連の制裁を一時中断した。

二〇〇五年アメリカはシン首相を国賓待遇で迎え、米印共同声明において、両国関係はグローバル・パートナーシップに格上げされ、インドへの民生用原子力協力が表明された。それは「インドの核を認めない」という従来の大前提をアメリカが転換したことを意味していた。翌二〇〇六年にはブッシュ大統領が訪印し、「米印原子力協力協定」の細部について合意し、同協定は二〇〇七年に妥結された。さらに、二〇〇八年には国際原子力機関(IAEA)理事会がインドとの保障措置協定を承認し、インドはNPT枠外という「特別扱い」を受けることとなった。

また米印両国は、中国の海洋進出を念頭に中国をけん制するための連携を深めようとしている。二〇〇八年版『NDS』報告はインドとの同盟の期待を表明し、二〇一〇年版『NSS』もインドとの安全保障協力の追求を戦略的課題として明記し、インドも二〇一一年以降、「南シナ海への関心」に公的に言及するなど、今や米印関係は「西太平洋、東アジアからインド洋、南アジアに至るアメリカの戦略の基軸(linchpin)」(パネッタ国防長官)と表現されるまでになっている[16]。

インドにとってアメリカの戦略的位置づけは次のように要約できる。

【インドにとってのアメリカおよび米印関係】

- **最大の支援国であり最重要な戦略パートナー**——インドの市場開放は、その巨大な潜在市場のゆえに多くの外資を呼び込んだが、流入した外資の中心はアメリカからのものだった。それゆえ、さらなる経済成長を目指すインドにとってアメリカとの良好な経済関係は不可欠であり、巨大な頭脳集団を抱えるインドにとってアメリカのもつ技術力との結びつきも重要である。またインドは、アメリカとの間に共通する多くの戦略的利害（テロ対策・大量破壊兵器拡散問題等）を抱えており、アメリカとの戦略的結びつきは重要な戦略基盤である。さらにインドは、国連常任理事国入りや核兵器保有の正統性の獲得を目指しており、アメリカの支持が不可欠となる。加えて、南アジア地域におけるリーダーシップの発揮にとっても、アメリカとの結びつきは大きな力になっているのである。インドは一九九八年に核実験を強行した際に、その直後から核実験がまるでなかったかのように平然と対米関係の改善に乗り出しているが、このことは一見、矛盾するようでありながら、自国の主権に対するこだわりとアメリカとの関係重視とは別のことであり、アメリカは最重要パートナーであるとするインドの一貫した姿勢を示している。二〇〇一年には、アメリカのミサイル防衛政策に多くの同盟国が反対する中、インドは臆することなくアメリカを強く支持していることからも、そうした姿勢がうかがえる。

● **自主外交路線へのこだわりと根強い懐疑**——経済関係におけるアメリカの重要性を認識しつつも、インドは自らの外交選択権を確保しておきたいという強固な意思を持っている。それを象徴的に示したのが、NPTと「包括的核実験禁止条約（CTBT：Comprehensive Test Ban Treaty）」をめぐる米印間の対立である。一九九五年、クリントン政権が提案したNPTの無期限延長が国連で可決された際、インドは条約制定時の核兵器保有五カ国にのみ核兵器保有を認め、それ以外の保有を禁止するのは不平等だと反対し、一九九八年に核実験を強行した。またインドには冷戦時代の米パ関係や、米中国交正常化にみられるアメリカのダブル・スタンダードに対する強い警戒心がある。そのため米印両国は、戦略パートナーとはなりえても、それが同盟関係に発展することは容易ではない[17]。そして、このことが、アメリカを米印関係と米パ関係の両立という「並行外交」へと導く要因の一つになっていると考えられる。

- **最大の仮想敵国・中国への戦略的対抗手段**——中国の経済及び軍事力の急激な成長はアジアにおける戦略的不均衡をもたらしかねず、南アジア地域、インド洋、南シナ海における中国の軍事的影響力の増大に対するインドの警戒心は強い。またインドにとっては、中国の長期的な核兵器能力開発も懸念材料で、印中間に横たわる領土紛争も着実に緊張の度を高めている。そのためインドは、軍事的抑止の観点から、隣国の中国に対する戦略的牽制手段として、アメリカは不可欠な存在であると考えている。
- **パキスタンへの影響力行使の装置**——対パキスタン政策にとってもアメリカの存在は重要である。アメリカは印パ両国と、それぞれに良好な関係を維持するという「並行外交」を行っている。インドにとってこのことは敵対的なパキスタンの姿勢をアメリカの影響力によって改善させる可能性を持っている。事実、一九九九年に印パ間の紛争地域カシミールで起こったカルギル紛争では、アメリカはパキスタン側に兵力を撤退させるよう迫っている[18]。

もっとも、アメリカにとってインドの戦略的価値が劇的に高まったのは二〇〇〇年代に入ってからで、米印関係の転機となった冷戦終結から一〇年後のことである。アメリカ政府がインドへの期待を公式に表明したのは、二〇〇二年NSSの「共通の利益を持つ成長するグローバル・パワー」と表現した時がおそらく最初で、それ以前の公式報告書にそうした表現は認められない[19]。

このことは、第一節で示したように、アメリカの国際安全保障戦略が二〇〇二年ごろにようやく体系化されたことと無関係ではあるまい。おそらく、冷戦終結直後から約一〇年にわたって取り組まれた安全保障戦略の再検討の過程で、対中政策が必ずしもアメリカが思い描くように進展せず、インドの安全保障戦略上の価値を高めることになったものと考えられる。

事実、二〇〇一年のブッシュ政権が誕生して以来、インドの位置づけは一気に高まり、以後、安全保障戦略関連の報告書が出されるたびにアメリカは、インドへの期待を表明し続けている。

アメリカにとってインドの戦略的位置づけは次のようなものである。

【アメリカにとってのインドおよび米印関係】

●アジアにおける勢力均衡にとって不可欠――アメリカが抱くアジアに関する最大の懸念は、中国の急速な軍事力増強と南シナ海およびインド洋地域における強硬姿勢である。だが、そうした懸念とは裏腹に、中国の影響力は中央アジアおよび中東地域にまで拡大しているのが現状である。二〇〇九年の政権発足当初、オバマ政権は、「米中両国は包括的パートナーシップに基づくG2の特別な関係を築くべき」とする考えを示していたが、その姿勢は今や大きく後退している。直接の原因は、南シナ海における島嶼の帰属をめぐって中国が強硬な姿勢を示し、特にベトナムおよびフィリピンとの緊張を高めたことである。二〇一〇年七月、クリントン国務長官は、ベトナムのハノイで開催されたASEAN地域フォーラムで「航行の自由、アジアの海洋共有地への自由なアクセスおよび南シナ海における国際法の遵守はアメリカの国益」であり、「アメリカは南シナ海での領有権問題には中立の立場であるが、領有権主張者の力の行使や威嚇には反対する」と主張し、従来には見られない強い姿勢を示した[20]。そこには、中国の強硬姿勢が昂じた場合、同盟国・友好国の対米信頼が揺らぎ、アメリカの地域プレゼンスが失われかねないとの危惧がうかがえた。事実、オバマ政権は、対中パワー・バランスを修正・維持するために、日本・韓国・台湾等の同盟国およびインド・オーストラリア・フィリピン・インドネシア等を含む友好国との関係強化を目指しており、二〇一二年に東南アジアを歴訪したパネッタ国防長官は、同地域におけるアメリカの兵力を質量ともに拡大することで「リバランス」戦略を具体化すると表明している[21]。そうしたアメリカがとくに重視しているのがインドであり、アメリカはインドの台頭を積極的に支援している。しかもアメリカは、「並行外交」路線の下、インドのライバル国・パキスタンとも同盟関係を維持し、その結果として、南西アジア地域における仲裁・調停者としての存在感をも高めている。

●国際テロリズム・過激原理主義対策の中核——二〇〇一年の同時多発テロ以降、国際テロリズムはアメリカにとって最大の危機の一つであり、アフガニスタン攻撃以来、アメリカのテロ対策は南アジアに集中している。二〇一〇年版『NSS』はアフガニスタンとパキスタンを「アルカイダによる過激原理主義の震源地」と見なしている。アフガニスタンからの兵力撤退以降も、南アジアにおけるテロ対応は続いており、二〇一一年、オバマ大統領はアルカイダによるテロがいまだに深刻な脅威であることを確認し、アルカイダ掃討を果たすまで国際テロリズムとの戦いは終わらないと強調している[22]。インドは南西アジアにおいて国際テロリズム対策にもっとも真剣に取り組んでいる国であり、二〇〇一年以来、対テロ戦争に関する協力は、米印関係の重要な柱の一つである。米印両国は両国の国民と国益を脅かすテロ・ネットワークの潜伏場所を廃絶するために、アフガニスタンを安定させるという共通の目的を持ち、インドは、対外援助や長期的戦略合意により、アメリカのアフガニスタン支援の後ろ盾となっている。また、二〇〇八年のムンバイで起こったテロ事件以降、米印協力はアフガニスタンの枠を超えたものになっている。

・**アジアにおける核拡散の抑制装置**――南アジアにおける核拡散の阻止と、印パ両国間の核戦争危険の緩和はアメリカの重要課題であるが、二〇〇一年の同時多発テロ以来、印パ両国の協力を必要としたアメリカは、両国に対する核拡散関連の制裁を半永久的に留保し、インドに対しては二〇〇七年に米印原子力協力協定を妥結し、二〇〇八年にはIAEAとインドの間での保障措置が承認されている。アメリカはこれまで「インドの核を認めない」という大前提で臨んでいたが、その前提を「インドの核をどう認めるか」という内容に変更したことをうかがわせる。しかしながら、アメリカはあくまでも核拡散の規制強化を目指している。そのため、当面は、印パ両国との良好な関係を維持し、かつ、印パ両国の関係正常化を支援することで、両国の核兵器管理を確実なものとし、核兵器および運搬手段の国外流出の可能性排除を目指しているものと考えられる。

・**アジア太平洋における国益保護の基盤力**――成長著しいアジア経済が今やアメリカの国益にとって死活的に重要であり、その中心の一つがインドであることは改めて強調するまでもない。だが、より注目すべきは、アジアの経済成長がアメリカに改めてインド洋から西太平洋にいたる地域のシー・レーンの重要性を認識させた点であろう。アジア諸国の多くはシー・レーンに大きく依存し、シー・レーンの安全確保こそがアジア市場におけるアメリカの投資と貿易の増進に直結するからである。特に環インド洋地域は世界の海上原油輸送の八〇%以上が通過している。アメリカは同地域における海洋政策と災害救助態勢の担い手としてインド海軍の重要性を認め、二〇一〇年版『QDR』はインドの軍事力強化について「インド洋のみならずその外域に及ぶ安全保障の究極的提供者としてアジアに貢献する」と評している。さらにアメリカは、大量破壊兵器の移転阻止・テロ対策・海賊対策・海難救助等に果たすインドの役割についても重視している。またアメリカの国防費削減圧力の下、同地域における安全保障を維持するうえでインドの負担分担の拡大は重要である。

3　相互作用とアジアへの影響

以上に述べた米中関係および米印関係に込められた米・中・印のそれぞれの戦略的意図は、次のような三国関係を導き出している。

◆現状――米・中・印三国関係とその影響

アメリカの基本戦略は、「潜在的挑戦者への警戒」、「国際テロリズムへの断固たる対処と各国の協力の獲得」、「大量破壊兵器に対する積極的な拡散防止・対応・防御を包括した新しい軍縮・軍備管理」「アメリカ本土の防衛強化」の四点に集約され、それは米中関係・米印関係の基盤でもある。

アメリカは、国際テロリズムと大量破壊兵器拡散への対応について、地域大国である印中両国の協力を必要としている。しかし、中国は、アメリカの主導するアジア太平洋の秩序に対する挑戦的姿勢を明確にし、地域覇権の獲得を目指してもいる。これに対して、インドは、ミドル・パワーとしての地位を拡大することで地域大国になろうとはしているものの、地域覇権の獲得に向けた明確な野心はうかがえない。そのため、アメリカは、中国が最終的にアメリカのリーダーシップに対する挑戦者になることを警戒し、アジア大陸におけるもう一方の雄であるインドを戦略的パートナーとして活用しようとしている。アメリカは従来から中国の周辺地域への影響力拡大に対する抑止策として、日本との同盟関係に加えて、近年、オーストラリア、シンガポールなどとの連携強化を図ってきたが、冷戦終結後、特に二〇〇〇年代以降は一貫してインドとの連携を模索し続けている。

これに対して、中国は、アジアおよび西太平洋地域からアメリカの影響力を排除し、東アジアと西太平洋における覇権の確立を目指しており、政治・経済・外交・軍事のあらゆる分野で、それに必要な国家的実力を身に着けるために、アメリカの力をも活用しようとしている。また、アメリカの東南アジア諸国への積極的関与や米豪関係・米印関係の緊密化による対中包囲網の形成の動きには、地域周辺国への積極的関与を展開し、圧力を加えることで牽制し、さらに印中関係の改善に向けた積極的な対印外交を九〇年代後半から展開している。さらに、そうした二国間アプローチとともに、インドと良好な関係を持つロシアを巻き込んだ多国間外交も展開しており、二〇〇五年の上海協力機構(SCO)首脳会議におけるインドのオブザーバー参加はその一例である。

一方、中国と国境を接する南アジアの大国・インドは、自らの外交自主権の確保にこだわり続けながらもアメリカとの連携を緊密にすることで、政治・経済・外交・軍事の各分野で国力の充実を図り、中国への戦略的対抗手段を獲得し、隣国・パキスタンとの関係を安定させる調整機能をも強化して、地域の安全保障を確実なものにしようとしている。

こうした米印関係・米中関係は周辺諸国の動きにも影響している。たとえば、石油大国のイランは、対中関係・対印関係を巧みに利用して、アメリカを牽制しようとしている。イランは、中国に対するエネルギー資源の供給源であることと引き換えに、重要な場面での安保理常任理事国としての拒否権行使を期待して中国との関係を強化してきたが、その関係はアメリカに対する戦略的牽制力となっている。一方、インドもエネルギー資源の供給源を必要としており、イランはエネルギー供給の見返りとして自国の核開発に対するインドの支持を期待しているが、インドによるイラン支持は、良好な米印関係を切望するアメリカへの大きな牽制になるわけである。

米中関係と米印関係の影響は、東南アジア地域にも及んでいる。東南アジアは太平洋とインド洋とを結節する地政学的にきわめて重要な地域であるが、政治的不安定やゲリラ活動、民族紛争、海賊問題などを抱える国も存在し、域内のバランスも不安定な部分が多い。そのため、各国の軍備強化とは別に、アメリカも同地域への関与を強めているが、近年、中国もこれに対抗する形でASEANへの積極的関与の姿勢を示している。だが、東南アジア諸国は、地理的に近く南シナ海での主権を絶対に放棄しようとしない中国に脅威を感じており、アメリカのプレゼンスが後退するのではないかという懸念が新たな動揺をもたらしかねないため、アメリカはより一層のアジア関与を迫られる形になっている。

◆将来展望——アメリカの新国防戦略と米中・米印関係

二〇一二年一月、アメリカはイラク・アフガニスタン戦争後の新たな国際情勢に対応するため、新たな『NDS』を発表した。同報告は「アメリカの国際的指導力を維持する」と題され、アメリカ軍は今後とも世界の安全保障に貢献するが、アジア太平洋地域に重点的に再配置され、アジア太平洋地域の安全保障については、同盟国との関係を重視するとともにインドとの長期的戦略パートナーシップを強化し、中国の軍事的台頭が地域の軋轢を生じさせないように同盟国や友好国と緊密な連携を進めることを明記している。

しかしながら、新国防戦略は国防費の大幅削減を背景としており、アメリカ軍の総戦闘能力と全世界規模での抑止力は低下せざるを得ないため、アジア太平洋以外の地域で情勢が不安定になった場合、緊急に供給できる兵力はアジア太平洋地域に展開するアメリカ軍に大きく依存することとなり、アジア太平洋地域におけるアメリカ軍のプレゼンスは低下しかねないのである。その意味で、新戦略は、中東や南西アジアの情勢を東アジアのパワー・バランスに直結させるもので、換言すれば、アジア太平洋の同盟国・友好国の負担分担増強を前提に、インド洋地域とアジア太平洋地域を一体として捉え、中東・南西アジア情勢にアジア太平洋の同盟国をも巻き込む「インド太平洋戦略」というのが実態に近いように思われる。

また、アメリカがアジア重視を強調し、アジア以外の海外展開部隊を大幅に後退させることは、アメリカがグローバル・パワーからアジアのリージョナル・パワーに後退するかのような印象を世界に与えかねない。その一方で、アジアについては中国に対する「牽制と包囲」の意図だけが鮮明に映り、中国がより強硬な姿勢に出てくる可能性も否定できない。オバマ政権は、こうした中国をめぐるパワー・バランスが変化した場合を想定し、その補完措置として、インドやオーストラリア、フィリピン、インドネシアなどを新たに巻き込んだアジア戦略を追及しているかに見え、同盟国である日本・韓国・台湾には自力で対応すべき範囲の拡大を迫ることが予想される。

そこで問題となるのがアメリカの中長期的な対中政策であろう。アメリカの対中政策の真意が「関与」にあるのか「封じ込め」にあるのかという論議についていうならば、状況変化に沿って、硬軟織り交ぜた柔軟な対中関与策を展開すると解するのが妥当で、今回の新戦略も、域内諸国間の地域バランスを形成させること(バック・パッシング)によって、アメリカの多方面にわたる関与を可能にする「オフショア・バランス」戦略と解することができる。もちろん対中包囲網の形成が「封じ込め」へのプロセスと考えることも可能ではあるが、少なくとも冷戦時代のような相手陣営への「拒絶」、「無関与」とは著しくその姿勢を異にしている。

この点を考察する際、たとえば二〇一一年のクリントン国務長官の発言が参考になる。クリントン長官は、アジア太平洋におけるアメリカの同盟関係を世界の変化に適応させるための指針として、①同盟関係の根本目的にアメリカ社会への政治的支援が含まれることを保証し、②よい結果をもたらし続ける敏捷かつ順応性のある同盟関係を形成し、③国家および非国家主体からの挑発を抑止するのに必要な作戦遂行上の能力および物理的能力を持った同盟関係を確実にする、という三点を掲げた[23]。

いわば同盟関係の重視・再編強化・実効化による「戦略遂行能力」の保証は明確にしているものの、少なくとも対中「封じ込め」の明確な意図はうかがえない。

以上、いまだアメリカの対中政策のゴールは曖昧なままであるが、状況が先行する形で、米中関係が徐々に対決の方向に近づいているとの印象はぬぐえず、その中で次第に存在感を高めているのがインドであることは間違いないのである。

おわりに

最後に今後の米・中・印三国のあり得る動向について触れると、アメリカは中露の連携を阻止することを目的に、米欧関係の調整が必要となり、対露政策として、ウクライナ、東欧・中欧諸国、バルト三国、カフカス諸国への積極的関与を行うことが考えられる。また中露連携が完成した場合を想定し、中・露がイランと連携しないようにイランを強く牽制する可能性が考えられよう。

一方、中国は、中央アジア諸国、東南アジア諸国、印中関係の更なる改善に努め、中南米諸国および開発途上国の反米政権との関係強化、日米離間などの工作を行うことが考えられる。さらに、台湾を獲得するための前提として、アメリカの介入を阻止もしくは最小限化するために、短距離核ミサイルのさらなる配備、航空兵力の増強、制海権確保のための空母や潜水艦を含む海上兵力の一層の拡充等に取り組むと思われる。

そのことが、アメリカのみならず、アジア周辺諸国の、日本およびインドへの期待を高めることは予想に難くない。一方、あくまでも自主外交路線を維持したいインドにとっては、そうしたアメリカやアジアの周辺諸国の期待にどこまで答えられるかが重い課題としてのしかかるであろう。日本もそうした期待に応えるためにどこまで政治的・政策的に踏み込めるかが課題となる。まさに、日本とインドの対応が、今後の情勢を占う試金石になると考えられるのである。

註

1―『国家安全保障戦略』は、大統領を策定者とする政治・経済・軍事・外交政策等を含むアメリカの安全保障政策全般に関する、もっとも基本的考えを示した報告書。連邦議会への提出が義務付けられている。その内容は、『国家防衛戦略（NDS：National Defense Strategy）』、『国家軍事戦略（NMS：National Military Strategy）』、『四年ごとの国防計画見直し（QDR：Quadrennial Defense Review）』、『核態勢見直し（NPR：Nuclear Posture Review）』他、各種軍事指針および外交政策指針の根拠となる。

2―The White House, *National Security Strategy*, May, 2010. の巻頭に所収されている。

3―一九九〇年九月、ジョージ・H・W・ブッシュ大統領は連邦議会で「新世界秩序に向けて（Toward a New World Order）」と題する演説を行い、「われわれは比類なき特別の時を迎えている。…新世界の生み苦しみが始まっており、それはわれわれが知っている世界とはまったく違った世界である」と述べている。

4―The Commission on Integrated Long-Term Strategy, *Discriminate Deterrence*, January, 1988. 統合長期戦略委員会はフレッド・イクレとアルバート・ウォルステッターを共同議長を含む一三人の専門家で構成され、サミュエル・ハンチントン、ヘンリー・キッシンジャー、ズビグニュー・ブレジンスキーらアメリカを代表する戦略家も名を連ねている。

5―Secretary of Defense, Dick Cheney, *Defense Strategy for the 1990s: The Regional Defense Strategy*, January, 1993.

6―The Commission on America's National Interests, *America's National Interests*, July, 1996. 同報告はアメリカの国益を、「死活的」、「きわめて重要」、「重要」、「やや重要」の四つに分類し、「死活的国益」は何としても死守すべきものと

位置付けている。

7—The Joint Chiefs of Staff, *Joint Vision 2010*, 1996. なお、同報告書は「アメリカは『核戦争』や、中東および朝鮮半島に生起することが予想される『大規模戦域戦争』(MTW)、テロリズム・民族紛争・領土紛争等の『小規模緊急事態』(SSC)に対応できる準備が必要である」と結論づけている。

8—The Commission to Assess the Ballistic Missile Threat to the United States, *The Report of the Commission to Assess the Ballistic Missile Threat to the United States*, July, 1998.「『ならず者国家』による弾道ミサイル攻撃の脅威が数年内に現実化しうる」との記述がみられる。

9—The National Intelligence Council, *Foreign Missile Developments and the Ballistic Missile Threat Through 2015*, December, 2001. 同報告書内に「北朝鮮はテポドン一号を化学・生物兵器搭載可能なICBMに改造することも理論的に可能だが、むしろテポドン二号を初歩的な核兵器搭載可能なICBMとして経て気化する公算が大きく、その発射実験はいつでも実施しうる。イラン、イラクは外国からの支援があれば初歩的な核兵器を米国に運搬しうるICBMの発射実験が五〜一〇年後に理論的に可能となり、化学・生物兵器を米国に運搬しうるICBMの実験ならば二〜三年後にも理論的に可能となる」との記述がある。

10—Brzezinski, Z. *The Grand Chessboard: American Primacy and Its Geostrategic Imperatives*, New York: Basic Books, 1997. p.207.

11—Mearsheimer, J. J. *The Tragedy of Grand Power Politics*, New York: W. W. Norton, 2001. P.401-2.

12—Huntington, S. P. *The Clash of Civilizations and The Remaking of World Order*, New York: Simon & Schuster. 1996. pp.155-79, 312-18.

13—ジョージ・ケナンは「中国人に対するある種のセンチメンタリティー」と呼んでいる。Kennan, G. F. *American Diplomacy*, expanded ed., Chicago: University of Chicago Press, 1984. pp.46-54.

14—U.S. Department of Defense, *Report to Congress on U.S.–India Security Cooperation*, November, 2011.「アメリカとインドは自然パートナーであり、利益と価値を共有し、安定し安全な世界を互いに希求するが故に、緊密であることを運命づけられている」との記述がある。

15—Remarks by President William J. Clinton to the Indian Joint Session of Parliament, March 22, 2000.

16—"Panetta Says U.S.-India Relations Must Deepen, Grow for Peace," *American Forces Press Service*, June 6, 2012.

17—二〇一二年、インド政府の支援を受けて、外務省と国防省の元高官および学者の八名が作成した政策提言報告『非同盟2・0（Nonalignment 2.0）』が発表され、米印関係の同盟への進化について否定した。

18—Dennis Kux, "India's Fine Balance," *Foreign Affairs*, May-June, 2002.

19—クリントン政権がまとめた一九九九年版NSSには、インドに関する特別な表現は見られず、パキスタンとの関連で記述されているだけである。

20—"Offering to Aid Talks, U.S. Challenges China on Disputed Islands," *The New York Times*, July 23, 2010. 以下は英文筆記記録（出典：http://secretaryclintonwordpress.com）の該当部分。"The United States, like every nation, has a national interest in freedom of navigation, open access to Asia's maritime commons, and respect for international law in the South China Sea. We share these interests not only with ASEAN members or ASEAN Regional Forum participants, but with other maritime nations and the broader international community. The United States supports a collaborative diplomatic process by all claimants for resolving the various territorial disputes without coercion. We oppose the use or threat of force by any claimant. While the United States does not take sides on the competing territorial disputes over land features in the South China Sea, we believe claimants should pursue their territorial claims and the company and rights to maritime space in accordance with the UN convention on the law of the sea. Consistent with customary international law, legitimate claims to maritime space in the South China Sea should be derived solely from legitimate claims to land features."

21—Speech of Defense Secretary Leon Panetta at the Shangri La Security Dialogue in June 2, 2012.

22—*United States National Security Strategy for Counterterrorism*, White House, June 2011.

23—Remarks titled "America's Pacific Century" by Secretary of State Hillary Rodham Clinton to East-West Center, Honolulu, HI, November 10, 2011. 原文は次の通り。"First, we are working to ensure that the core objectives of our alliances have the political support of our people. Second, we want our alliances to be nimble and adaptive so they can continue to deliver results. And third, we are making sure that our collective defense capabilities and communications infrastructure are operationally and materially capable of deterring provocation from the full spectrum of state and non-state actors."

第5章

パキスタンから見た印中の台頭

笠井亮平
KASAI Ryohei

はじめに

インドと中国の台頭が喧伝されるようになって久しい。中国は鄧小平による「南巡講話」(一九九二年)によって改革開放政策を再点火して以来経済成長を続け、国力を着実に増大させている。インドも一九九一年にマンモーハン・シン財務相(当時。二〇〇四〜一四年に第一五代首相を務める)の指揮の下で着手した大胆な改革によって経済危機からの脱却に成功し、成長の軌道を歩んでいる。さらに、二〇〇三年にゴールドマン・サックスが有望な新興四カ国(ブラジル、ロシア、インド、中国)について、その頭文字を取って「ＢＲＩＣＳ」と呼ぶようになってから、両国がいっそう脚光を浴びるようになったのは周知のとおりである[1]。

ではインドと中国を同列に論じられるかというと、そうはいかない。両国には「新興国の代表格」や「巨大国家」といった共通項がある一方、国際社会における位置づけ、言い換えれば「台頭のレベル」には違いが存在するからである。

中国は東アジアにおける地域大国であると同時に、グローバルな大国でもある。GDPは二〇一一年に日本を抜いて世界第二位に躍り出ており、いまや中国の存在を無視して世界経済を論じることは不可能なほどである。軍事費も一八八〇億ドル（ストックホルム国際平和研究所〔SIPRI〕による二〇一三年推計値）と世界第二位であり、六四〇〇億ドルの首位米国とは大きな開きがあるものの、急速な増加傾向が続いていることにより、その差は年々縮まっている。また、国連安保理常任理事国としての地位によって、中国は世界の安全保障問題への対処方針を左右する発言権を持っている。

一方のインドも二〇〇五年から三年連続で九％超の経済成長率を記録したことがあったように、高度経済成長を遂げつつある。人口は遠くない将来に中国を抜いて世界第一位になることが確実であり、経済成長が続けば巨大な市場としての魅力を増していくことにもなる。軍事面でも一九九九年に核実験を行い事実上の核保有国となり、近年では運搬手段であるミサイルの射程距離・性能向上にも注力している。

このように躍進著しい印中であるが、同時に両国とも経済成長や地位向上の制約になり得る要因を抱えている。中国はグローバル大国として台頭するのみならず、近年では「新型大国関係」という言葉を盛んに使うようになり米国と並ぶ超大国としての性格を強めようとしている。しかしその一方で、膨大な人口（世界第一位）と国土（世界第三位）を抱える中国は、急拡大する資源需要や沿岸部と内陸部の格差、さらには辺境の安定確保といった多くの課題に直面しており、これらの要素はさらなる成長の足かせになりかねない。インドはインドで、近年国際社会における存在感を高めているとはいえ、経済発展の規模や程度も中国に較べると相対的に低い位置に留まっており、南アジアの地域大国にとどまっているのが現状である。

印中がさらなる発展を追求するにあたって、もっとも注意を向けるべき国のひとつがパキスタンである。両国にとりパキスタンは単に国境を接する隣国というだけにとどまらず、戦略、安全保障、国内治安、経済といった各分野において重要な意味を持ち、複雑な歴史的経緯を経て現在に至るまで関係を有する国である。「南アジアの大国」から「グローバル大国」へと成長したいインドにとって、パキスタンとの長期間に及ぶ相違点を解決し、同国との関係を懸念材料ではなく成長促進要因に転換することができるか否かは、避けて通ることができない課題である。一方、中国は早くからパキスタンと良好な関係を築いており、さらに近年では両国間に跨がる経済回廊構想を提唱し、インド洋への進出ルートという戦略的性格も帯びるようになってきた。また、対インド関係という観点では、中国はパキスタンを支援することで同国を南アジアにおけるインドへの対抗勢力と位置づけてきたことも見逃せない点である。

本章では、こうした問題意識のもと、印中両国がそれぞれ如何なる状況に置かれているのか、さらなる「台頭」を目指すに当たり如何なる方針を持っているのか、如何なる制約を抱えているのかという問いに対し、パキスタンという視点から解明を試みていく。

1　インドにとってのパキスタン

◆印パ分離独立とカシミール問題

一九四七年八月一五日、インドは悲願だった英国からの独立を達成した。初代首相に就任したジャワーハルラール・ネルーが一四日から一五日に日付が変わる真夜中に制憲議会で行った、「世界が眠るこの今、インドは生と自由に目覚める」という演説はあまりに有名である。しかし、長年の反英運動の果てに得られた独立は手放しで喜べるものではなかった。インドより一日早い一四日、英領インドの東西イスラム教徒多住地域を領域とする新国家、パキスタンが分離独立を宣言していたからである。これと前後して、インドとパキスタンの間でヒンドゥー教徒とイスラム教徒の大規模な移動が発生するなかで多数の犠牲者を出す事態となり、双方に根深い憎悪感を植え付けたことはその後の両国関係の展開において非常に不幸なこととなった。

印パ分離という形での独立となったことで、カシミール地方の領有権という新たな問題も発生した。同地方は英国統治時代、ヒンドゥー教徒の王が統治するジャンムー・カシミール(Jammu & Kashmir)という藩王国だったが、住民の大半はイスラム教徒によって占められていた。域内では印パ独立直後からパキスタンの支援を受けた勢力による内乱が発生し、ヒンドゥー教徒の藩王ハリ・シンは軍事支援との引き替えにインドとの併合協定に署名。この結果、印パ両軍がカシミールを舞台に戦闘を繰り広げることとなったのである(第一次印パ戦争)。この事態に対し国連が介入し、一九四九年一月には停戦協定を双方が受け入れたことで紛争はひとまずの終息を見た[2]。しかしカシミールの領有権問題は現在に至るまで確定しておらず、全土の三分の二をインド側が(ジャンムー・カシミール州)、残る三分の一をパキスタン側が(アーザード・ジャンムー・カシミール)それぞれ実効支配する状態が続いている[3]。また、印パはその後も一九六五年と一九七一年の二度にわたり戦火を交えたが、いずれもカシミールが戦場となったことは両国関係におけるこの問題の根深さを物語っている[4]。

カシミール紛争は印パ対立の代名詞とも言うべきものであるが、それによって両国に対する国際社会の評価が否定的な方向に流れる作用をもたらしていることにも留意すべきだろう。一例を挙げれば、カシミールに展開する国連インド・パキスタン軍事監視団(UNMOGIP)は、南アジアで唯一活動している国連平和維持活動であり、同地域が紛争地帯との印象を与えている。また、両国の停戦ラインである管理ライン(LoC：Line of Control)をはさんで双方の軍および治安部隊が砲撃し合う状態も今なお散発的に発生しており、問題解決への糸口は見出されていない。

◆核兵器

カシミール問題を中核とする印パの対立は、双方が核兵器保有国になったことで複雑さを増すこととなった。一九九九年五月、まずインドが核実験を実施し、それを受けてパキスタンが「インドがやるなら自分たちも」と言わんばかりに同月に実験を実施したことにより、南アジアに事実上の核保有国が二つ一度に登場する事態となったのである[5]。その後、二〇〇一年一二月にデリーで国会議事堂が武装集団に襲撃される事件が発生したが、犯行主体はパキスタンに拠点を置くテロ組織「ラシュカレ・タイバ（LeT：Lashkar-e-Taiba）」ではないかとの見方が高まり、印パ関係は急激に悪化した。これによって両国間の緊張が高まり、二〇〇二年に両国が軍を国境付近に展開する事態にまで発展した際には、核兵器保有国同士による戦争の危険性が高まったことで国際社会が極めて強い懸念を抱くこととなった。

印パに対する国際社会の姿勢も一挙に硬化した。日本を含む主要八カ国（G8）は両国による核実験を厳しく非難するとともに核兵器不拡散条約（NPT）および包括的核実験禁止条約（CTBT）への無条件での加盟を求め、さらに新規無償資金協力や軍事支援の停止といった制裁の発動に踏み切った[6]。ただし、インドに関して言えば、その後の対米協議により緊張の緩和がはかられ、二〇〇〇年にはクリントン大統領訪印（米国大統領としてはカーター大統領以来二二年ぶり）が実現するところまで改善した[7]。さらに、二〇〇五年のマンモーハン・シン首相訪米時に印米間で民生用原子力協力に関する合意が発表されたことは、米国がインドの核兵器保有を実質的に容認することを意味していた[8]。またパキスタンも、二〇〇一年九月の米国同時多発テロ後のアフガニスタン攻撃で米国への軍事協力を行ったことで、「テロとの戦いにおける最前線」として位置づけられるようになり、制裁から一転して巨額の経済援助がもたらされることとなった。

表5-1 インドと南アジア主要周辺国の貿易総額の推移(単位:100万米ドル)

国名	2009/10年度	2011/12年度	2011/12年度	2012/13年度	2013/14年度	増加率*
バングラデシュ	2,688	3,690	4,375	5,784	6,651	147.4%
スリランカ	2,580	4,011	5,016	4,610	5,201	101.6%
ネパール	1,986	2,681	3,272	3,632	4,122	107.6%
パキスタン	1,849	2,372	1,939	2,607	2,701	46.1%

出典:インド商工省「輸出入データバンク」ウェブサイト(http://commerce.nic.in/eidb)より筆者作成。
注:インドの場合、会計年度の始期は4月、終期は3月。
*2009/10年度から2013/14年度の増加率を示したもの。

◆潜在力のある経済関係

パキスタンという隣国との複雑な関係は、南アジアという領域にとどまらないグローバルな大国への道を視野に入れているインドに影を落としている。しかし、逆に言えば、インドがパキスタンとの関係を好転させることができれば、地域の安定をもたらすことに加え、自国の国際的地位の向上にも大きく資することにつながる。その突破口になる可能性を秘めているのが経済面での関係拡大である。

政治的・軍事的対立の影響とその結果としてのさまざまな制約により、印パ間の貿易はきわめて小規模にとどまっている。二〇一三/一四年度の二国間貿易総額は約二七億ドルで、順位では四七番目、インドの対外貿易総額全体に占める割合はわずか〇・三%でしかない。この貿易規模は、南アジアの主な隣国と比較しても、大きく見劣りする。

表5-1は、インドとバングラデシュ、スリランカ、ネパール、パキスタンとの貿易総額を年度順に並べたものである。この四カ国中、パキスタンは人口(約一億八〇〇〇万人)、面積(約八〇万平方キロメートル)、経済規模(二〇一三年のGDPは二三六六億ドル)でいずれも最大でありながら、ことインドとの貿易となると、最も規模が小さいのである。二〇〇九年度から四年間での増加率も、ほかの三カ国が一〇〇%、すなわち倍以上の伸びを達成している一方、

印パ貿易は四六・一％にとどまっている。

しかし、印パ貿易には高い潜在力があることが複数の識者によって指摘されている。パキスタン出身のカーン元ＩＭＦ理事は、印パ貿易は四〇〇億ドルにまで拡大する可能性があるとした上で、インド側の高い輸入関税のほか、双方の官僚主義的対応や輸送インフラの未整備、非関税障壁の存在によりその潜在力が発揮されていないとしている[9]。また、南アジアが専門のクーゲルマン米ウィルソン・センター研究員も、印パ貿易には拡大の余地が大きくあると指摘している[10]。

四〇〇億ドルというとインドとサウジアラビアの貿易総額（四八六億ドル）に迫る規模であり、スイスを抜いて五番目に大きな貿易相手国となる（データは二〇一三／一四年度のもの）。この数字の実現性はともかくとしても、さまざまな障害が取り除かれ、これまで第三国経由やインフォーマルな形で行われていた貿易を二国間貿易に組み込むことに成功し、印パ貿易が大幅に拡大する余地は十分にあるようだ。

インドは経済成長を活性化させるべく外国直接投資（ＦＤＩ）の誘致に取り組んでいるが、ここでもパキスタンが大きな潜在力を有している。インド政府も、二〇一二年八月にパキスタンからのＦＤＩに関し、防衛、宇宙、原子力といった戦略的重要性が高い分野は除外するとの限定があるものの、原則として解禁する決定を下した[11]。実際にパキスタンから目立った投資案件が浮上しているわけではないが、今後具体的な実績が積み上がっていくこととなれば、印パ経済関係のさらなる深化と拡大貢献することとなろう。

◆容易でない関係改善

とはいえ印パの関係改善は容易ではない。インドにおける対パキスタン感情にはきわめて厳しいものがある。豪州のローウィ国際問題研究所が二〇一二年にインドで実施した世論調査（二〇一三年公表）では、回答者の九四%がパキスタンは「インドの安全にとっての脅威」と答え、強い警戒感を示した[12]。また、ピュー・リサーチ・センターが二〇一二年に行ったインド人を対象とした世論調査によると、「印パ関係の改善は重要」との回答が七〇%、「印パ貿易の増加は良いこと」との回答が六四%に上る一方で、「パキスタンに対し好意的な見方をしている」との回答はわずか一三%にとどまった[13]。この結果は、対パ関係の改善の必要性は認めながらも、ネガティブな感情が今なお残るインド人の見方を浮き彫りにしている。

インドのパキスタン観に重大な影響を及ぼす要素として、越境テロの問題がある。先述した二〇〇一年一二月のインド国会襲撃事件に加え、二〇〇八年一一月にムンバイで発生したテロも、パキスタン国内に拠点を置く過激派組織LeTの犯行によるものとの見方が強い。しかし、パキスタン政府による事件の捜査はインドの期待に見合ったペースで進展しておらず、関係者の処罰も行われていないため、インド側には根強い不満がある。また、インドはパキスタン側に対し、同国内にあるテロ組織の拠点を根絶するよう繰り返し要求しているが、この点でも目立った成果はないのが現状である。

また、こうした越境テロの問題やカシミール問題は当然のことながら印パ政府間対話の進捗にも直接影響をもたらす。両国は二〇〇四年からテロ・治安、カシミール問題、信頼醸成、貿易を含む幅広い分野の懸案を同時並行的に協議する「複合対話」を開始し、問題解決の道を見出すべく第四ラウンドまで協議が重ねられた。ところが、ムンバイ・テロの発生によってこの流れは停止することとなってしまった。その後、二〇一〇年に外務次官級の対話が再開され、パキスタンからも最恵国待遇(MFN)付与や貿易取り扱い品目の大幅拡大といった対インド貿易拡大に向けた取り組みが発表されるなど前向きな動きが見られたが、今度は二〇一三年初頭からカシミールの管理ライン付近で双方の兵士が殺害される事件が発生したのを契機に砲撃戦による応酬が行われ、またもや関係改善のモメンタムは失われてしまったのである。

このように、両国が協力することによって経済面を中心に相互利益をもたらすことができるという理解は双方のあいだで共有されているものの、その観点だけで方針転換を図れないところに印パ関係の難しさがある。また、関係改善をしようにも、ある段階まで対話プロセスが進展すると必ずと言ってよいほどそれを阻害する事件が発生し、振り出しに戻ってしまうというパターンが繰り返されている[14]。それだけではなく、両国の世論も相互に否定的なものに転化してしまうため、いったん硬化した国民感情を戻すためには一定の時間が必要となり、その分対話再開への環境整備にも時間を要することになるのである。印パ関係の改善は、こうした悪循環を断ち切り、前向きな軌道を維持できるか否かにかかっていると言える[15]。

2　中国にとってのパキスタン

◆長期にわたる友好関係を維持する中国とパキスタン

中国とパキスタンは、一九五〇年に国交を結んで以来、友好関係を維持してきた。その親密さは「全天候型友好関係」――雨の日も風の日も、いついかなる状況でも友好関係を維持する――とも称され、米国の南アジア研究者ガーヴァー(ジョージア工科大学)は、「パキスタンに対する協力的関係は中国の対外関係におけるもっとも安定し、かつ持続的な要素だ」と指摘している[16]。パキスタンは後に首相となるズルフィカール・アリー・ブットーが外相に就任した一九六三年に中国との友好関係の度合いを深め、貿易協定や国境画定取り決め等の各種合意文書の署名が行われたほか、一九六五年の第二次印パ戦争では中国がパキスタンを支持する姿勢を示した。また、一九七一年にキッシンジャー米国家安全保障補佐官が極秘裏に北京を訪問した際にはイスラマバードを経由していたことは、パキスタンが歴史的な米中和解にも一役買っていたことを示すものでもあった[17]。

パキスタンにとっては、その時々の方針によって手篤い支援を提供したかと思えば逆に無関心を決め込み、場合によっては制裁を科すことすらある米国とは異なり、状況にかかわらず一貫して支援を提供してきてくれる中国はきわめて重要かつ頼りがいのある国である。中国からは軍事および経済面での支援に加え、原子力を中心とするエネルギー面での協力も受けており、いまや自国の存立に欠かすことのできない戦略的パートナーとなっている。

では、中国にとってパキスタンは如何なる意味を持つのか。かつてはパキスタンを支援することによって同国を有力な対抗勢力とし、南アジアのパワーバランスをインドが突出しすぎない方向に誘導するという狙いがあったと考えられる。いわば、南アジアにおけるインド封じ込め戦略と言ってもよいだろう。インドも台頭しつつあるなか、この側面は中国の対パキスタン政策において現在でも一定の有効性があると見られる。しかしその一方で、中国自身の国力増強や周辺地域への影響力拡大により新たな要因が生じつつあることにも着目する必要がある。

◆中国の広域戦略におけるパキスタンの重要性——中パ経済回廊構想

中国は近年、陸上および海上の両方において、連結性(コネクティヴィティ)向上に向けた地域ネットワーク構想を盛んに提唱している[18]。南アジアにかかわるものとしては、陸上では中国雲南省からミャンマー、バングラデシュを経てインド北東部および東部までをカバーするBCIM経済回廊構想があり、海上では中国沿岸部から東南アジアおよびインド洋までをもカバーする「海洋シルクロード(MSR:Maritime Silk Route)」構想が二〇一三年一〇月に習近平国家主席によって提起された[19]。

表5-2 中国・パキスタン経済回廊(CPEC)構想における主要プロジェクト

【道路整備】
•カラコルム・ハイウェイ(KKH)のイスラマバードまでの延伸
•カラチ・ラホール間高速道路建設
【鉄道】
•カラチ〜ラホール〜ペシャワール間の鉄道路線改修
•ハヴェリアン(ハイバル・パフトゥンハー州)陸上輸送拠点建設
•ラホール地下鉄建設
【グワーダル港湾整備】
•グワーダル港東部湾岸高速道路建設港湾防波堤建設
•船舶停留地域等浚渫作業
•関連インフラ整備
【通信】
•中パ光ファイバーケーブル整備プロジェクト

出典：*Economic Survey of Pakistan 2013-14*, Ministry of Finance, Government of Pakistan, 2014, pp.198-199.

こうした中国の地域ネットワーク構想のひとつと位置づけられるのが、中国の新疆ウイグル自治区のカシュガルとパキスタン南部バローチスタン州の港町グワーダルを結ぶ「中国・パキスタン経済回廊(CPEC)」構想である。同構想は二〇一三年五月の李克強中国首相訪パ時に発表され、カシュガルからパキスタン北部までのカラコルム・ハイウェイ(KKH)の補修およびイスラマバードへの延伸やラホールとカラチを結ぶ高速道路建設といった交通インフラ整備を中心に経済開発を推進していくといった野心的なプロジェクトが数多く盛り込まれている(表5-2参照)。

なかでも注目度が高いのがグワーダル港の開発である。同港はもともと二〇〇二年から〇六年にかけて中国の支援で港湾整備が進められてきたが、中国のインド洋進出に対する印米の懸念[20]を踏まえてか、〇七年にシンガポール港湾局(PSA)に管理・運営権が移譲されていた。しかし、二〇一三年に中国企業が再度これらの権利を獲得しており、CPEC構想においてもグワーダル関連のプロジェクトは重要な柱のひとつとしての位置づけを与えられている。中国はグワーダルを軍事利用する考えはないとしているものの、新疆ウイグル自治区から最短距離でアラビア海、ひいてはインド洋に出ることを可能にする同港の戦略的・経済的価値はきわめて大きいものがある。

ただし、CPEC構想は多数のプロジェクトを包含し、地域的にも広範囲にわたるものであることから、完工までには相当の年数——二〇三〇年がとりあえずの目標とされている——を要する見込みである[21]。プロジェクトを継続的に推進していくに当たっては、双方の政治的コミットメントはもちろん、資金面の手当や対象地域の安全確保を図っていくことが必要となろう。

◆アフガニスタン——米軍撤収後を見据えた影響力拡大に向けパキスタンと協議

中国は近年、アフガニスタン情勢への関心を急速に強めており、外交面で多くのイニシアチブを矢継ぎ早に繰り出している。二〇一二年六月、中国が主導する上海協力機構(SCO)がアフガニスタンをそれまでの「対話パートナー」から「オブザーバー」に格上げすることを決定したほか、中国・アフガニスタン二国間で戦略的パートナーシップも締結された。二〇一四年七月には孫玉璽元駐アフガニスタン大使を「アフガニスタン問題担当特使」に任命し、早速アフガニスタン(七月)および米国(八月)に派遣して両国関係者と今後の情勢に関し協議を行った[22]。また、中国党政幹部のカブール訪問も目立っている(一二年一〇月の周永康共産党政治局常務委員、一四年二月の王毅外相等)。

中国はこれまでアフガニスタンと必ずしも緊密な関係にあったわけではなく、あっても資源面の関係が中心だった[23]。それがここにきて関与の度合いを強めている背景には、米軍主導の国際治安部隊(ISAF)の撤収および欧米のプレゼンス低下によって力の空白が生じる可能性が指摘されるなか、アフガニスタンにおける自国の影響力を拡大することで中央アジア、西アジアおよび南アジアにおける存在感を高めたいという狙いがあるのではないかと考えられる。また、カルザイ大統領の後を受けて二〇一四年九月に就任したガニー新大統領は、翌一〇月に初の外遊先として中国を訪問しており、アフガニスタンとしても中国との関係を重視していることを内外に印象づけた。

中国はイランやロシア等の地域の関係国ともアフガニスタン情勢に関する協議枠組みを立ち上げているが、ここで外せないのがパキスタンである。アフガニスタンと国境を接するパキスタンは歴史的にも同国と密接な関係にあり、同国の軍・情報機関および宗教勢力は反政府勢力タリバーンに対し一定の影響力を有しているとされるからである。また、パキスタンは数百万単位のアフガニスタン難民も受け入れ先でもある。中国は二〇一一年にパキスタンおよびアフガニスタンとの三カ国協議を開催したのを皮切りに、パキスタンとの二国間協議(一三年一月)、ロシアおよびパキスタンとの三カ国協議(一三年四月)等が相次いで行われた[24]。二〇一四年夏の時点で、中国がパキスタンと協力する形でアフガニスタンに対し具体的なプロジェクトを実施するといった目に見える成果があるわけではないが、今後も治安面における情報共有や定期的な協議を通じ連携を保っていくものと見られる。

◆ウイグル族過激派対策

中国が国力を増強していくなかで、国内の安定確保は発展の基礎となる重点分野である。この観点で辺境地域の治安対策は喫緊の課題であるが、二〇〇人近い死者を出したとされる二〇〇九年ウルムチ騒乱事件のように、新疆ウイグル自治区においてイスラム教徒と漢族の民族対立を背景とした衝突が散発的に報告されているほか、ウイグル族過激派によるものと当局が見なすテロ事件も発生しているのが現状である。

二〇一一年七月末にカシュガルでウイグル族二人による漢族襲撃事件があったほか、二〇一四年四月末にもウルムチ市内の鉄道駅で自爆テロが発生した（三人死亡。このほか、中国当局は二〇一四年三月に雲南省昆明市で発生したテロ事件についても、ウイグル自治区過激派によるものと見なしている）。当局は過激派組織「東トルキスタン・イスラム運動（ＥＴＩＭ）」が一連の事件に関与しているとの見方をしており、取り締まりを強化している。また、カシュガルの事件では、地元捜査当局は実行犯がパキスタンの部族地域で訓練を受けたと結論づけている[25]。

新疆ウイグル自治区からパキスタンの部族地域に実際にどの程度の規模で過激派が送り込まれているかは不明だが、パキスタン側としても、外国からの過激派の流入は自国にとっての安全上の懸念であり、中国からの要請も受けて、対策に乗り出している。二〇一四年六月から連邦直轄部族地域（ＦＡＴＡ）北ワジリスタン管区で始まった「パキスタン・タリバーン運動（ＴＴＰ）」「ハッカーニ・ネットワーク」ら武装勢力を対象とする掃討作戦「ザルベ・アズブ（Zarb-e-Azb）」においても、政府軍によって殺害された武装勢力のなかに多くのＥＴＩＭ構成員が含まれていると発表されている（二〇一四年六月一六日付パキスタン軍統合広報局（ＩＳＰＲ）プレスリリース）。ただし、ＦＡＴＡはパキスタン政府の統治が徹底されている地域ではないことに加え、危険を察知すれば越境してアフガニスタン側に避難することも可能といった背景があり、ＥＴＩＭを含め武装勢力を完全に一掃することは容易ではないことに留意する必要がある。

3　パキスタン側の事情

◆政情不安が対外関係にもたらす影響

次に、パキスタン側から見たインドおよび中国との関係に視点を移してみよう。印中ともにパキスタンとの諸課題を解決し、良好かつ安定的な関係を築くことは両国のさらなる発展にとって重要な位置を占めているが、問題はパキスタン側に数々の制約要因があるという点である。

民主主義体制を一貫して維持しているインド[26]や共産党による一党支配体制が続いている中国とは異なり、パキスタンでは建国以来、軍事クーデターが繰り返され、政治的に不安定な状態が続いていた。それでも二〇〇八年および二〇一三年には総選挙が実施され、同国史上初めて五年間の任期を全うした文民政権から次の文民政権への平和的移行が実現したことで、ようやく民主主義が定着したかに見えた[27]。一三年総選挙の結果誕生したパキスタン・ムスリム連盟(ナワーズ派)(PML-N)による政権は下院で過半数を獲得し、安定した政治環境のもと内外の政策課題に取り組んでいくものと期待された。ところが、翌一四年八月になって状況は再び一変する。二〇一三年総選挙に際し大規模な不正があったとして選挙結果に異議を唱え、さらにはシャリフ首相の退陣をも要求する野党第二党「パキスタン正義党(PTI)」[28]主導の大規模デモが首都イスラマバードを中心に発生した。これに性急な選挙制度改革を訴えるイスラム教団体の政党組織「パキスタン大衆運動党(PAT)」[29]のデモも重なったことで、同国の政治が事実上麻痺状態に陥ってしまったのである。これによる混乱の影響は国内だけにとどまらず、同年九月の習近平中国国家主席による南アジア歴訪で、当初訪問先に含まれていたパキスタンが直前になり除外されるという事態を招いてしまった[30]。また、印パ関係においても、八月下旬に予定されていた外務次官協議がインド側によってキャンセルされた。同協議が取りやめとなったことの表向きの理由は、駐印パキスタン大使がインドの事前の中止要請にもかかわらずカシミール分離派と面会したこととされているが、パキスタン国内の情勢が不安定ななかで二国間協議を開催することに意義を見出せないとの判断が影響したとも考えられる。

◆不安定な治安

パキスタンでは二〇〇七年頃から急速に治安が著しく悪化した。二〇〇八年九月には首都イスラマバード中心部に位置し、中央政府機関からも至近のマリオット・ホテルが爆破され、五〇人以上の犠牲者を出す事件が発生するなど、大規模なテロ事件が相次ぎ、軍施設や空港等も攻撃対象とされた。パキスタンにおけるテロ件数自体は二〇〇九年に三八一六件だったのが二〇一二年には二二一七件になり、テロによる死者も一万二六〇〇人余りから約五〇〇〇人にまで減少している[31]。とはいえテロ事件が根絶されたわけではなく、経済活動や人的往来にも影響を及ぼしている。

パキスタン南西部のバローチスタン州では建設および資源関連のプロジェクトに携わる中国人労働者やエンジニアが地元過激派勢力に殺害される事件も何度か発生している。また、北部のギルギット・バルチスタン地域で二〇一三年六月に起きた中国人を含む外国人登山客一〇人が殺害される事件は、現場がそれまで比較的安全とされていた地域だったことに加え、カラコルム・ハイウェイにも近い地域でのことだっただけに、大きな衝撃をもたらした。こうした傾向が今後も続けば、CPEC構想のもとで各種インフラ整備プロジェクトの円滑な実施においても支障を来しかねないという点で、パキスタンの国内治安のみならず、中国にとっても懸念材料となろう。

おわりに

本章では、パキスタンが印中両国のさらなる台頭において、それぞれ異なる意味でカギを握る国であることを指摘してきた。インドの場合は、これまでの対パキスタン関係はカシミールをめぐる対立、核兵器開発、テロ・治安等の問題が占める部分が大きく、その結果、自国の国際イメージが悪化したことだけにとどまらず、南アジア域外において主要なプレーヤーとして活動する余地が狭められることとなっていた。また、貿易・投資といった経済面において大きな潜在力を持ちながらも、それが十分に発揮されない状態が続いてきた。これらの分野で改善や進捗をもたらすことは容易ならざる作業だが、仮に何らかの前向きな成果を達成することができれば、互恵的な「ウィン・ウィン」の関係構築に向けた大きな一歩となる。この点も含め、インドにとり対パキスタン関係のマネジメントは「南アジアの大国」から「アジアの大国」、さらには「グローバル大国」に脱皮する上での試金石であると言える。

すでに「グローバル大国」志向を鮮明にする中国にとっても、その広域戦略においてパキスタンが特別な重要性を帯びていることを明らかにした。それは、第一にアラビア海を経由したインド洋への進出であり、第二にパキスタンを支援することで南アジアにおいてインドとのバランスを図ることであり、第三には将来的なアフガニスタンへの影響力強化があることを指摘した。さらに、国内の治安対策という観点からウイグル族過激派の取り締まりという側面も存在する。

その一方で、安定さを欠く政治体制やテロ・治安問題といったパキスタン側が抱える諸課題ゆえに、インドと中国ともに――特に前者――対パ関係の拡大・深化を困難にしている側面があることも確認した。

インドで二〇一四年五月に就任したナレンドラ・モディ首相は周辺国との関係強化を外交政策の重点項目としており、ニューデリーで行われた自身の就任宣誓式にパキスタンを含む近隣諸国の首脳を招待して関係改善に意欲を示した。しかし、パキスタンとの二国間関係については、先述したように外務次官協議が直前になってキャンセルされてしまい、九月の国連総会でも首脳会談が不成立に終わるなど、一進一退の状況が続いている。カシミールにおける両国軍の砲撃も依然として散発的に発生している。インドにとってパキスタンをめぐる問題は政治的にセンシティブであり慎重な取り扱いが必要となるが、これに対しいかなる姿勢で対処していくかがインドの成熟度を占う基準のひとつになり得ることに加え、同国が「地域大国」から「グローバル大国」への脱皮を図ることができるかにも大きくかかわってくるものと考えられる。

中国はインドと比べればパキスタンの国内事情によって二国間関係が影響を被る部分は限られている。とはいえ、パキスタンにおける治安の悪化はＣＰＥＣ構想の実施にも遅延や障害を来しかねないし、部族地域におけるイスラム過激派勢力の存在は新疆ウイグル自治区の安定にも関わりがあることは先に確認したとおりである。

インドにとっては中パ関係のさらなる緊密化は懸念材料となろう。また中国にとっても、印パ間で関係改善が進展するようなことがあれば中パ関係や南アジア戦略においても新たな考慮を要することとなる。このように、インド、中国、パキスタンは相互かつ複雑に利害がからみあった関係にあり、今後の推移を注意深く検討していく必要がある。

註

1――Goldman Sachs, *Dreaming with BRICs: The Path to 2050*, October 2003, http://www.goldmansachs.com/our-thinking/archive/brics-dream.html. なお、後に南アフリカ共和国（South Africa）が加わったことで最後の小文字の〝s〟が大文字となり、現在では〝ＢＲＩＣＳ〟と称される。

2――カシミール紛争の詳しい経緯については、以下を参照。井上あえか「カシミール問題」日本国際問題研究所編

『南アジアの安全保障』二〇〇五年、一四二～一六五頁。
3—さらに、一九六三年にはカシミール北部の一部がパキスタンから中国へ事実上「割譲」された。
4—印パ間では一九九九年にもカシミールで軍事衝突が発生しており(カルギル紛争)、これを「第四次印パ戦争」とする見方もある。
5—インドのヴァジパイ首相は、核実験直後にクリントン米大統領に送った書簡で、実験を正当化する理由として中国およびパキスタンの脅威を指摘していたことが後に明らかになっている。同書簡の全文は『ニューヨーク・タイムズ』紙に掲載された。"Nuclear Anxiety; Indian's Letter to Clinton on the Nuclear Testing", *The New York Times*, May 13, 1998.
6—主要国の反応および制裁内容については、日本国際問題研究所・軍縮不拡散推進センター編『インド・パキスタンの核実験——内容、目的、動機および国際社会の反応——』一九九九年一月を参照。
7—核実験後、ジャスワント・シン印外相とストローブ・タルボット米国務副長官が協議を重ねたことで両国間の信頼関係の基礎が形成され、後の関係改善につながったと言われている。Strobe Talbott, *Engaging India: Diplomacy, Democracy, and the Bomb*, Brookings Institution Press, 2006.
8—同合意のもと、インドは国内の原子力施設の軍民分離を行ったうえで民生用についてはＩＡＥＡの査察対象とすることに同意し、米国は民生用目的で原子炉の建設等の協力を実施すること等が定められた。二〇〇八年九月に最終的に印米間で協定の署名が行われた。
9—"Pak-India trade still a fraction of $40 billion potential", *Express Tribune*, March 13, 2012. http://tribune.com.pk/story/349146/pak-india-trade-still-a-fraction-of-40-billion-potential/
10—Michael Kugelman, "The Pakistan-India Trade Relationship: Prospects, Profits, and Pitfalls", Michael Kugelman and Robert M. Hathaway eds., *Pakistan-India Trade: What Needs To Be Done? What Does It Matter?*, Wilson Center, 2013, pp.1-17. http://www.wilsoncenter.org/sites/default/files/ASIA_121219_Pakistn%20India%20Trade%20rptFINAL.pdf
11—"India allows FDI from Pakistan", *Business Standard*, August 2, 2012. http://www.business-standard.com/article/economy-policy/india-allows-fdi-from-pakistan-112080202016_1.html
12—"India Poll 2013", Lowy Institute for International Policy, May 2013. http://www.lowyinstitute.org/publications/india-

poll-2013

13—“Deepening Economic Doubts in India: Strong Support for Improving Relations with Pakistan”, Pew Research Center, September 10, 2012. http://www.pewglobal.org/2012/09/10/deepening-economic-doubts-in-india/

14—その背景には、関係改善を望まない勢力——たとえば、イスラム過激派やパキスタン軍の一部——の存在があるとの見方もある。

15—二〇一四年一〇月、同年のノーベル平和賞が女子教育の拡充を訴えてきたパキスタンのマララ・ユスフザイさんと児童労働の問題に取り組むインドのカイラシュ・サティヤルティ氏に授賞されることが発表された。

16—Garver, John, “The Sino-Pakistan Entente Cordiale”, *Protracted Contest: Sino-Indian Rivalry in the Twentieth Century*, University of Washington Press, 2001, p.187.

17—中野勝一『パキスタン政治史』明石書店、二〇一四年、一一三〜一一四頁。

18—さらに中国は、こうした地域のインフラ開発に必要な資金を融資する組織として「アジア・インフラ投資銀行（AIIB）」構想を提唱している。この背景には、アジア開発銀行（ADB）が日米の強い影響下にあるとの認識のもと、それとは別個の開発銀行を自国主導で設置しようとの狙いがあると見られる（同様の発想は、世界銀行に対しBRICSが二〇一四年七月の首脳会合で「新開発銀行」の設置を発表したことにも表れている）。

19—「共同建設二十一世紀〝海上絲綢之路〟」、『習近平　談治国理政』外文出版社、二〇一四年、二九二〜二九五頁。こうした中国主導の地域構想に対し、インドはBCIMについては基本的に支持していく考えを示しているが（二〇一四年六月のアンサリ副大統領発言）、MSRについては詳細が不明として態度を保留している状態となっている。

20—中国のインド洋進出があたかもインドを取り囲むかのように展開されていると見た米国の研究者はこれを「真珠の首飾り（String of Pearls）」と名付けたが（ただし、中国自身がこの呼称を用いているわけではない）、グワーダルはその重要拠点と位置づけられた。

21—アッサン・イクバル・パキスタン計画・開発相の中国メディア訪問団に対する発言（二〇一四年六月一二日）。“Pak-China Economic Corridor to Change 3 Billion Lives in the Region: Prof. Ahsan Iqbal”, Ministry of Planning, Development & Reform (Pakistan). http://www.pc.gov.pk/?p=2631 しかし、二〇三〇年に完工というのは楽観的に見

積もっての目標であり、実際にはさらなる年月を要するものと見られている。

22—「従象征到常設：中国〝特使外交〟漸入佳境」、『新華毎日電訊』二〇一四年八月一日。

23—中国冶金科工集団は二〇〇七年にアフガニスタン南東部ロガール県アイナク銅山の三〇年間独占開発権を獲得した。"Q&A: Aynak and Mining in Afghanistan", World Bank, April 2, 2013. http://www.worldbank.org/en/news/feature/2013/04/02/qa-aynak-mining-afghanistan また、中央アジアのトルクメニスタンからアフガニスタン北部を経由して中国新疆ウイグル自治区に達する石油・ガスパイプラインを建設する構想も提起されている。

24—いずれも外務省局長級の協議。このほか、中国・パキスタン・アフガニスタンの三国間の研究者交流も実施されている。

25—"China Blames Foreign-Trained Separatists for Attacks in Xinjiang", *New York Times*, August 1, 2011.

26—ただし、一九七五年に当時のインディラ・ガンジー首相によって非常事態宣言が布告され、二一カ月間にわたり選挙の延期や公民権の制限等の措置が実施されたことがあった。

27—サミュエル・ハンチントンは『第三の波——二十世紀後半の民主化』において、民主化が定着したか否かを測る基準として、平和裏な政権交代が二回起きることを挙げた。パキスタンでは二〇〇八年総選挙でそれまでムシャラフ軍政下ではあったものの選挙に基づいて成立したパキスタン・ムスリム連盟（カーイデ・アーザム派）の政権からパキスタン人民党主導の政権への移行が実現した。二〇一三年総選挙による政権交代と合わせると二回連続して政権交代が起きたことになり、ハンチントンの見方に従えば、民主化定着の要件を満たすことになる。

28—パキスタンのクリケットの英雄イムラーン・カーンが一九九六年に立ち上げた政党。二〇〇二年の総選挙ではカーン党首のみしか当選者がなかったが、一一年にラホールで大規模集会を成功させた頃から支持を拡大し、有力政治家の合流も相次いだ。二〇一三年総選挙では三五議席を獲得し、第三党に躍り出た。

29—イスラム教バレールヴィー派の宗教団体「コーランへの道運動（ＴＭＱ）」を率いるターヒル・ウル・カードリー師が立ち上げた政党。二〇一三年一月にも政治改革を掲げ、ラホールからイスラマバードへの大規模デモ行進及び首都での座り込みを行った。同年の総選挙は事実上ボイコットしたため、国会に議席はない。

30—結局、習主席が訪問したのはインド、スリランカ、モルディヴの三カ国となった。

31—*Pakistan Security Report 2012*, Pak Institute for Peace Studies, p. 7.

第6章 二つの例外主義外交

鈴木章悟 *SUZUKI Shogo*

はじめに

国際政治学において新興大国（rising powers）は、国際秩序をしばしば脅かす存在として位置づけられてきた。たとえば、国際政治論の代表的理論ともいえる現実主義は、新興大国が国際秩序に対して必然的に脅威をもたらすものと見なしてきたし（Mearsheimer 2001）［1］、アメリカ（以下米国）の政策決定層も、新興大国を自国の利益に対する潜在的脅威としてしばしば警戒してきた。一九八〇年代後半の「日本脅威論」や一九九〇年代後半の「中国脅威論」が、そのような警戒感の代表例と言えるであろう。

しかし、近年のコンストラクティヴィズムの研究が示すように、新興大国の台頭そのものが国際社会に対する必然的な脅威となるわけではない。むしろ重要なのは新興大国の「国益観」や「価値観」であり、これらがどの程度他国のそれと共存できるかによって「脅威」の度合いが変化すると考えられる（Legro 2007）。したがって新興大国であっても、その国の規範が国際社会のものとおおむね合致する場合は、他国に脅威感を与えることなく「平和的な台頭」を果たし、国際政治の政策決定過程に大きな影響力をもつことが可能となる。英国に代わって新たな覇権国となった米国が、この「平和的な台頭」の代表例と見なされているとは周知の事実であろう。

その反面、第二次大戦下のドイツや日本の例にみられるように、既存の国際秩序に不満を抱き、国際社会の規範的枠組みを自国に有利な形に作り替えようとする新興大国は「修正主義国家」として他国から警戒され、時には戦争という手段を通して強制的に国際社会に「再編入」されてきた(Armstrong 1993)。

この際問題となるのが、これらの「修正主義的国家」と「例外主義外交」との関連である。後述するように「例外主義外交」には自国の「価値観」に普遍性があり、自国にはそれを国際社会に啓蒙する「責務」がある、というイデオロギーを指す。いわゆる「修正主義国家」の行動はしばしば「例外主義」の影響を強く受けてきた。共産主義の普遍性を掲げ「世界革命」を目指したソ連が国際社会への「脅威」と見なされてきたのは、このイデオロギーのためだが、その台頭が近年盛んに議論されているブラジル、ロシア連邦、インド、中国、南アフリカ(いわゆるBRICS)等の新興大国には果たしてこのような「例外主義」的イデオロギーは存在するのだろうか。新興大国に存在する多様な国益観や規範は、これらの国が今後国際社会にどのような影響を与えるのかを予測するうえでも重要なものと考えられる。

こうした問題意識のもと、本章では中国とインドにおける「例外主義外交」(exceptionalist foreign policy)について検討する。後述するように、例外主義外交にはいくつかの特徴があるが、本章において特に注目に値するのは①自国の規範が他国のそれよりも優れており「普遍的」なものであるため、自国外に流布されるべきであるという「例外観」、および②その目標を達成するためには自国は「例外的に」既存の国際社会のルールに縛られる必要はない、と考える二つの「例外観」といえる。このような「例外主義外交」は国際社会の規範的枠組みを変えようとする「積極性」があり、そのイデオロギーの内容次第では覇権国家との摩擦を引き起こす潜在的可能性を内包している。したがって中国やインドの台頭が国際社会の安定を脅かすものなのかどうかは、そのおのおのの「例外主義外交」の内容に大きく左右される、と考えることが可能であろう。そこで本章では、中国とインドの「例外主義外交」考察することを通して、両国の価値観が今後国際政治の行方にどのような影響を与えるのかを検討する。第一節では国際政治における「例外主義外交」について理論的観点から論じ、第二節・第三節ではそれぞれ、中国およびインドの「例外主義外交」について考察する。第四節で印中両国の「例外主義外交」の比較を通して外交思想の違いを明確にし、結論において、両国の「例外主義外交」が今後の国際政治の方向にどのような示唆を与えるかを論じる。

1 国際政治における「例外主義外交」

まずは、国際政治において「例外主義外交」はどのような形をとってきたかを確認しておくことにする。ホルスティ(Holsri 2010: 384)は「例外主義外交」の特徴として、以下の五点を挙げている。第一として、自国には政治的、もしくは経済的な理由で「落伍」した他者を救う「責任」や「使命」があると自負すること。第二に、この自負を達成するためには、自国は国際社会のルールに縛られるべきではない、というイデオロギーがあること。第三に、国際社会は基本的に自国に対して敵対的であること。第四に、自国の価値観と対立する「脅威」は絶えず存在する、という外交観があること。そして第五に、自国は国際社会における「脅威」とはなり得ないという考え方があること。ただし、ホルスティの研究は覇権国である米国の「例外主義外交」を事例としており、いわゆる「新興大国」を論じる際は、上記の五点に加えて、自国の台頭と「大国化」は歴史的必然であり、したがって既存の「大国」と同等の扱いを受け、国際政治の重要な政策決定に同等に関わるべきである、という考えも、その「例外主義外交」の特徴の一つに付け加えることができよう[2]。

この際重要なのは、「例外主義外交」においては、自国の規範が「例外的」に「普遍的」であるというイデオロギーの存在が前提になっている、という点である。自国の規範が「例外的」でも、そのユニークさゆえこれが他国まで伝播されることはない、という考えられる場合は、「例外主義」は「例外主義外交」とはなりにくい。日本の高度経済成長期に「日本型経営」や官僚主導の経済政策が国際的に注目された時期はあったものの、これらは「我が国固有の文化」に基づいたものであるがために国外にこれを啓蒙する事は難しい、という意見が根強く、結局「日本型」経済がアメリカ中心の国際政治経済秩序に挑戦する体系的な外交政策や経済政策となることがなかったのはこの典型的な例といえる。

これに反して自国のイデオロギーや規範が「普遍的」なものとして認識されている場合、その国の外交政策は拡張的なものになりやすい。西欧文明が「非文明国」を救う事のできる唯一の規範である、という考えは一九世紀末のヨーロッパ帝国主義およびその「文明化」政策の精神的支柱となったし(Adas 1989)、近年のイラク、アフガニスタン等における米国外交もアメリカ型民主主義に基づいた「普遍的」な規範の伝播こそが中東地域に政治的安定をもたらしうる、という信念に基づいていることも指摘されている。

したがって、いわゆる「新興大国」が現行の国際秩序に対する不安定要素となるのは「新興大国」の標榜する外交思想や規範意識が「普遍主義」的なもので、かつ覇権国家の唱えるものと相反する時、と考えられる。一九世紀初期のナポレオン戦争は共和主義という「普遍的」なイデオロギーと伝統的な君主国家の衝突と解釈できるし、冷戦期の米ソ対立もリベラル主義と共産主義という二つの相容れない「普遍主義」の対立とみることができよう。

2　中国の「例外主義外交」

中国外交が中国社会に流れる特定の歴史観に強く影響されていることはしばしば指摘されるところだが、現代中国の「例外主義外交」もかつてアジアの覇権国であった中華帝国の「記憶」が色濃く投影されている。中華帝国を中心として構築されたいわゆる「華夷秩序」は中華帝国を文明の頂点と見なし、周縁国は「非文明圏」に属する「夷」、または「夷狄」と位置づけていた。「夷狄」は華夷秩序を受け入れる（「来化」）ことによって初めてその地位から脱却できるものと考えられていた。華夷秩序とその儒教思想に基づいた規範は普遍的なものとされ、「夷狄」が文明の頂点に立つ中華帝国に魅せられて自発的に「来化」して中国の優れた文明に同化することは当然のこととしてとらえられていた。さらに、儒教が説く理想社会の実現のために皇帝も「徳」をもって華夷秩序の規範を広く「天下」に流布させる責務（「教化」）を負っているものとされていた（Y. Zhang 2001: 45-58）。

これらの覇権国としての「記憶」は、現代中国外交における中国の信念に大きな影響を及ぼしている。すなわち、自国の台頭は必然的なものであり、近い将来に中国は国際社会において大国としての指導的地位を占めるべきである、という考え方である。この傾向は一九五〇年代の中国外交にもすでに見られている。当時の中国が軍事力や経済力においてソ連や東欧諸国等の共産主義国家と比べてはるかに劣っていたにもかかわらず、中国は自国を「発展中大国」や「東方大国」と呼んでいたし、中ソ対立の際の中国外交の目標が「中国を正義と平等の国家に改革し、同時に中国を脱植民地国家の模範とし、それによって中国を国際政治の中心に再び据えること」であったことは、こうした中華帝国の「記憶」に裏打ちされた歴史観に基づいた「例外主義外交思想」であったと考えられる(F. Zhang 2011: 310)。

ただし、このような「例外主義」がいつも中国外交の前面に押し出されてきたわけではない。冷戦期の中国は米ソという二つの超大国に挟まれていたため、「多極世界」の出現を期待しつつもその「一極」を占めることはなかったし、一九九〇年代は「中国脅威論」の台頭を防ぐために、鄧小平が一九八九年の天安門事件の直後に打ち出した「韜光養晦」と呼ばれる低姿勢外交の継続を余儀なくされた。しかし、これが中国を西側と「同等」として扱うべきだという「例外主義外交」の放棄を意味していたわけではない。中国は一九九〇年代においても、西側が中国を「同等」として扱わない論説にはきわめて厳しい姿勢で臨んできた。ジェラルド・シーガル(Segal 1999)が当時盛んだった「中国脅威論」の批判として、中国の抱える経済、軍事的問題を指摘し、中国がなぜまだ欧米に対抗しうる大国となっていないかを論じた際に、中国側からはこの論文が中国を貶め、当然の権利としての「台頭」を阻害するものである、という反発がみられたことが、この「例外主義」を示しているといえる(Callahan 2005: 709)。

中国の「韜光養晦」路線に代表される「低姿勢外交」に本格的な変化が見られるのは二〇〇〇年代中期からである。この頃になると西側陣営も中国の台頭を政治的現実として認識しはじめ、中国国内でも中央電視台の連続ドキュメンタリー番組の『大国崛起』に見られるように中国の「大国化」を当然のこととして受け止め、これを前提として中国が今後どのような「大国外交」を展開すべきかについて活発な議論が繰り広げられた(江西元、夏立平 二〇〇四、朱鋒 二〇〇八、Suzuki 2013)。中国の「例外主義外交」の様態は、これに伴いより鮮明に打ち出されていくことになる。次節ではその内容を詳細に検討していくことにする。

◆中国の「大国化」と「例外主義外交」の出現

中国の「例外主義外交」は大まかに「平和主義（Benevolent Pacifism）」、「大国改革主義（Great power reformism）」、「和諧主義（Harmonious inclusionism）」の三種類に分類することができる。三者の間には若干の違いはあるものの、中国を「例外的に」平和的な国家と見なし、中国は国際社会にとっての「脅威」にはなりえないと考える点では共通している。「平和主義」が中国外交の平和的側面のみを強調するのに対して、「大国改革主義」と「和諧主義」路線は、中国の「平和的」な外交思想が欧米に対抗するかたちでより広く流布されるべきである、と考える積極的な外交路線といえる。「大国改革主義」は中国がその増大する勢力を行使することによって度重なる国際紛争をもたらしてきた欧米の国際秩序を改革するべきである、という考えを指すと同時に、中国は武力を背景として台頭した大国（ここではドイツと日本が主な事例として取りあげられる）の轍は踏まない「新しいタイプの大国」となる、という決意も指している（F. Zhang 2011: 310-311）。

一方、「和諧主義」は「反覇権」と「国際政治への平等な参画権」を謳っており（F. Zhang 2011: 312; 2007: 2-10）、この主張に米国主導の現国際秩序への批判もこめられていることは言うまでもない。胡錦濤前国家主席が提唱した「和諧世界」が「和諧主義」の代表的な例だが、最近では欧米国際秩序に変わる新しい国際秩序観として「中華帝国の「朝貢体制」のイデオロギーを取り入れた新たな「和諧主義」が提示されていることも注目に値する。ここでは西洋的「個人主義」を中心とする国際秩序観よりも、中国皇帝を頂点とする華夷秩序の方が歴史的に国際紛争が少なかったという主張が展開されており（Qin 2007: 329-331、趙汀陽 二〇〇五、Callahan 2008: 751-753）[3]、中国が国際社会への「脅威」にはならない、という中国の「例外主義」に論理的正当性を与えている。加えて、華夷秩序の基となった儒教的政治哲学の普遍性と、それが中国台頭後の新しい国際秩序に与える示唆が論じられている[4]。ここでは主権国家同士の利害が衝突する欧米型国際秩序よりも「調和（中国語では「和諧」）」を重視する包括的なエリート主導の国際政治システム（「天下」）が必要である、という主張が展開されている[5]。

これらの一連の議論には中国の政治制度、政治思想等が国際政治の進歩、さらには人類を「救う」ことができ、中国は新興大国として国際政治に「何らかの貢献をする（「有所作為」）」（朱鋒、二〇〇八）という大義名分のもとにこれらの規範体系を広く世界に啓蒙する「責任」または「使命」があると信じる特徴があり、この点で米国の「例外主義外交」思想との共通点を見いだすことができる[6]。しかし、米国とは対照的に、中国ではこの目標の実現のために「単独行動主義」を採用するべきだとする意見は今のところ見られない[7]。中国胡錦濤前国家主席の国連演説においても多国間協調の重要性が説かれており（新華網　二〇〇五）、これは米国の「単独主義」に対抗し中国の独自性を強調するためのレトリックであると同時に、この「中国的」な国際秩序を単独主義外交で実現できるほどの実力を中国は持っていない、という中国自身の自覚の現れとみることもできるだろう。

3　大国としてのインド

中国と同じ「新興大国」と見なされるインドは、周知のように一九六二年の中印国境問題以来中国としばしば対立しており、近年は特にその「自由民主主義国」としてのアイデンティティを強調することによって自国の台頭が、「脅威」としばしば見なされる中国の台頭とは本質的に違うことを積極的に国際社会にアピールしているようにみられる[8]。しかし、インドの外交思想にはいくつかの点で中国と共通する特徴がある。

その一つは脱植民地国家としての現行の欧米主導の国際秩序に対する根強い不信感や不満である。インドはネルー政権のもとでいわゆる「第三世界」の筆頭としてアメリカ、ソビエト両陣営の「覇権主義」に対して批判的な姿勢を貫き、この政策はネルーのあとを継いだインディラ・ガンジー首相にも継承された。ソ連崩壊後の今日は親米路線を採っているインドではあるが、欧米とは特に経済・貿易問題で今も対立を抱えており、多国間協議の場では欧米を中心とする先進国に対してしばしば交渉の決裂をも辞さない強硬姿勢で臨むことがよく知られている(Narlikar 2006)。

もう一つはインドが「大国」であり、国際政治の重要な政策決定に関わる当然の権利がある、と考える点である。コーエン(Cohen 2001: 52)によれば、インドの政策決定者層にはインドは世界史上重要な古代文明の発祥地であり、その正統な後継者として「大国」の地位を与えられるべきである、というコンセンサスが存在している。加えてインドは中国とともに欧米帝国主義に対抗するためのナショナリズムの拠り所として地域覇権国としての「記憶」を強調してきた。そのためか、印中両国は近年の自国の「台頭」を歴史的必然と見なしてきたし、国際社会、特に欧米諸国がこの事実を受け入れ、自国を欧米と「同等」として扱うように要求してきた。毛沢東時代の中国が「反帝世界革命」の指導的役割を自任していたのに対し、インドは自らを「第三世界」「G4グループ」等のいわゆる「発展途上国」グループの指導者を自負しており、「自由民主主義」的政治体制を強調する現在でも欧米の先進国と一線を画する姿勢に基本的な変化はない。

◆インドの「例外主義」

それではインドにおける「例外主義外交」にはどのような特徴が見られるのだろうか。中国の「例外主義」が華夷秩序とその思想的支柱であった儒教思想を根拠に自国を「平和的」な国家と位置づけるのに対して、インドでも同様に古代インド文明を拠り所にして自国が国際社会に対する脅威にはなり得ない、と主張しているのは興味深い(Cohen 2001: 52)。マハトマ・ガンジーが古代インドの「女性的な」平和思想を強調することによって「暴力的」な欧米の思想に抵抗を試みたのはこの一例と言えるし、これが後のインドの「例外主義外交」のもととなったとも言えるだろう(Behera 2007: 350-351)。

ただし、ガンジーの主張したこの「女性的」な「平和主義」には当時の英国の統治者の古代インド文明に対する差別感情への対抗意識があったことにも留意する必要がある。チャッコ(Chacko 2011)の研究によれば、当時の英国人統治者の間ではインド文明の「女性的要因」がインドの「落伍」と「弱体化」をもたらしたとする考えが支配的であり、マハトマ・ガンジーが「女性的」かつ「平和的」なインドをことさら強調したのも「男性的」で拡張主義的な西欧文明への倫理的な批判を込め、西洋文明を「他者」と位置づけることによって西欧の支配から独立したインドのアイデンティティを構築するためであった、と考えられるのである。

ガンジーのこの平和主義的ナショナリズムは後継者のネルーの思想とは相容れないものがあった。ネルー自身はインドの近代化のためには西洋文明、特に科学技術の導入が必要不可欠と考えており、西洋文明には否定的であったガンジーとは一線を画していたのである。しかし、ガンジーとともにインド独立運動に身を投じ、英国の植民統治の暴力を実際に体験した者としてネルーもまた西欧文明を取り入れつつも、単なる欧米の模倣を避け、「独立した」インドのアイデンティティを確立する必要を感じていた。その結果、欧米諸国はその「暴力的」な文明のために科学技術を侵略と他民族の淘汰の道具として使うのに対して、インド文明、そしてその後継者であるインド共和国はその「平和的な」歴史と哲学ゆえに西洋の科学技術を導入しても拡張主義に走ることはない、という「例外主義」思想が生まれることとなった(Chacko 2011: 191-194; Behera 2007: 351-352)。

このインド文明の「母性」や「女性的」側面を強調したネルーやガンジーの思想は一九六二年の中印国境問題とインドの敗北で厳しい批判にさらされたが、ネルー批判の代表的存在とされ、インド文明の「男性的」側面を強調する傾向があるヒンドゥーナショナリズムの言説にも逆説的ながらインドの「平和的」なアイデンティティが見られることは興味深い。ヒンドゥーナショナリストはインドが英国の侵略に抵抗できなかったのはインドが「戦略的な思想」と育むことがなかったから、と説明することがあるが（Chacko 2011: 203）、このなかにも強大な潜在的国力を備えながら敢えてそれを行使しようとしないインドを一種の「例外的に平和主義的な国」としてとらえる一面が見られるといえよう。

この「例外主義」は当然外交政策にも反映され、インドの「例外主義外交」を生み出す土壌となっていく。一九七四年のインドの核実験の際もインドは自国の核実験があくまでも「平和的なもの」であったと主張し、他の核兵器保有国とインドの根本的な違いを強調した。一九九八年の核実験の際もその戦略的必要性を強調しつつもインドの「平和的」な独自のアイデンティティを強調する傾向がみられた。たとえばアタル・ビハーリー・ヴァジパイ首相（当時）はインドと他の核兵器保有国の「違い」はその「古代文明の責任感と自制（a commitment to sensibilities and obligations of an ancient civilization, a sense of responsibility and restraint）」にあるとした（Chacko 2011: 205）。インドが今なお核兵器不拡散条約への調印を拒否するのもその条約が内包する「不平等の制度化」に対する不満が主な原因だが、「例外的に平和主義」のインドはそもそも核兵器の使用に対する「自制」に欠ける欧米諸国や中国を抑制する目的で生まれた同条約に束縛される必要はない、という「例外主義外交」の一つの現れとしてとらえることも可能であろう。

中国の「例外主義外交」に中国政治思想や外交思想が国際政治の「改善」に貢献する「使命」を負っている、と考える傾向があることは前述したが、インドの「例外主義外交」にも同様の特徴が見られる。コーエン（Cohen 2001: 52）によると、インドのエリート層は「（古代）文明の継承者としてのインドは国際政治に特別の貢献ができるものと信じて」おり、「説教調」とも呼ばれたネルーの国際会議等における演説もこうした「例外主義外交」の一つの特徴であるという。インド憲法五一条がインド外交の原則として「国際平和の促進」を謳っていることもインドが国際社会において平和実現に向けた特別な「責任」を自負していることを暗に示しているといえよう。

しかし、この古代文明に基づいた「貢献」が具体的にどのようなものになるのかについてインド側から明確なビジョンは打ち出されてはいないし、これが中国と同様に「インド的」な国際秩序構築への具体的な提言となるのかは未だに不透明である。そもそもインドの外交エリートがインドの思想的遺産を「普遍的なもの」としてとらえているかどうかも疑わしい。中国と同様、インドにはカウティリアの『実理論』や仏教思想に基づいたアショカ王の外交に見られるように歴史的な外交思想の蓄積があるし（Bozeman 1994: 118-130）、仏教の東アジアや南アジアへの伝播にも見られるように、これらの思想に潜在的な「普遍性」があることも否めないだろう。同様に、『実理論』の外交思想はしばしば国際関係論の現実主義の「普遍性」を証明するために使われてきた事実もある（Waltz 1979: 186）[9]。しかし、中国が中華帝国の政治思想や外交史を新しい国際秩序構築のための思想的な原点として使うのに対して、インドでは依然として国民・主権国家としてのインドを国際政治およびインド外交の「出発点」と見なし、古代インド外交思想は「過去の産物」として扱われる傾向がある（Behera 2007: 352）。したがって、インドの伝統的な政治思想がインドの提唱する新たな国際秩序の思想的なよりどころになる可能性は今のところ低いのである。

4　台頭する印中——例外主義と国際秩序への影響

このように、台頭する中国とインドはいずれも自国の「大国化」を必然的なものと見なしながらもその過程が「例外的」に平和的で他国に脅威を与えることはなく、増大する勢力と自国の「普遍的」な規範体系を通して自国が何らかの形で現行の国際秩序の改善に寄与する「責任」がある、という信念がある点で共通する「例外主義外交」意識があると考えられる。

「普遍的」とみなされるイデオロギーは拡張的な「積極性」を内在していることはすでに述べた通りだが、ここでは近い将来、印中両国が現行の欧米中心の国際秩序にどのような影響を与えるのかを考察する。

◆例外主義外交の行方とその思想的限界

結論から言えば、印中の「例外主義外交」思想はどちらとも欧米主導の現在の国際社会の規範的枠組みに挑戦する潜在的可能性がある。その理由の一つは両国とも自国の外交思想の優越性を強調する際に構築される「比較の対象」に「欧米」もしくは「欧米中心の国際秩序」を選んでいることである[10]。中国が主権国家と主権国家の平等を中心的価値観とするウェストファリア体制を、「戦争と混乱」を招く結果となった国際秩序と位置づけ、「例外的平和主義」によって特徴付けられる「中国式(中国特色)」の階層的な国際秩序をそのアンチテーゼとして提示しているのはこの一例と言える。つまり、現行国際社会とその規範的枠組みに真っ向から対立する対照的な国際秩序のビジョンがある時点で、「新興大国」は既存の国際秩序に対する潜在的脅威となりうるのである。

もう一つはインドと中国はいずれも欧米の帝国主義拡張に直面した歴史を持ち、「新興大国」という名称が示すとおり、ごく最近まで現行の国際社会において重要な政策決定に参加する権利が与えられていなかった事実である。そのため、両国ともアメリカを頂点とする欧米諸国の「覇権」には根本的な不満を抱えているし、インドの核兵器不拡散条約（NPT）の調印拒否が示すように、欧米による欧米のための国際社会のルールに自国が縛られる必要はない、と信じる点でも両国は共通している。中印国境問題以来、両国の緊張関係が続いているのにもかかわらず、環境保護、貿易等の分野において両国の利害はしばしば一致しており、多国間協議の場では発展途上国グループのリーダー的存在としてともに先進国の政策に抵抗することはよく知られているところである。このため、自由民主主義国家という共通の政治制度があるにもかかわらず、インドの台頭は覇権国であるアメリカ外交への不安定要素となる確率が高いことが一部の西側の分析では指摘されている（Gilboy and Heginbotham 2013）。

さらに、胡錦濤前国家主席の「和諧世界」のスローガンの一つである国際社会の「民主化」という言葉が示すように、双方とも自国の台頭を現行国際社会に存在する「階級制度」を切り崩す格好の機会と捉えていることは否めない。加えてインドも中国も「例外的に」優れている自国の政治・外交思想がこの目標を達成する一翼を担い、欧米諸国によって構築されてきた国際社会の規範的枠組みに挑戦することを想定しているのである。

しかし、これらの外交目標が実現される可能性は現在のところきわめて低い。インドの場合は既存の国際秩序への不満を抱えながらもそれにとって代わる体系的な国際秩序構想がいまだにないし、インドは台頭する中国を牽制するためにアメリカ等欧米先進国との「自由民主主義」という共通のアイデンティティを強調する必要もあるため、正面切って現状の国際秩序に反対できない、というジレンマも抱えている。

そのためか、現在のインド外交における欧米諸国への不満は主にドーハラウンド等の多国間協議において先進国の要求にことごとく反対する、という消極的な形をとっており、「大国」であり国際社会を「改善する使命」があるという強烈な自負にもかかわらず、インドが「南北問題」等、欧米諸国と非欧米諸国の格差を象徴する諸問題の克服に向けた新たな地球規模の「公共財」の提供に努力している形跡もない(Narlikar 2011)。「新興大国」と呼ばれ、強大な潜在的国力を保持しつつもインドの影響力がいまだに地域的なものに限定されていることが多いのはこの消極性ゆえともいえるだろう。

これに対して中国では最近の「中国の特色のある国際関係論」(中国学派)や華夷秩序下の「朝貢外交」をめぐる議論が示すように、欧米に対抗する新たな国際秩序の構想がある程度は提示されている。しかし、これらが中国以外の地域の支持を集めることができるのかどうかは疑わしい。一つは日本をはじめとする周辺諸国が中国を頂点とする階層的な国際秩序を受け入れる可能性が低いからである。デービッド・カン(Kang 2007)はアジアの国際関係は歴史的にみても「階級制」の特徴があり、中国の台頭はこの歴史的に「正常」な状態に戻ることで、アジア諸国は中国を頂点とする新たな国際秩序を違和感なく受容されるだろうと予測しているが、この論考はアジア各国におけるナショナリズムを軽視しており、主権国家の平等という規範が浸透しているアジアの脱植民地国家が中国を国際社会の「頂点」に据える新たな「華夷秩序」を受け入れるとは考えられない。

中国の提唱する国際秩序が支持を集めにくいもう一つの理由は、中国の打ち出している「天下体制」の国際秩序は「和諧」や「調和」という大義名分のもとに「均一化」を目指す傾向がきわめて強いからである。リベラリズムが「同等の権利の享受」と引き換えに行動主体の「均一化」を求める一種の「暴力装置」を内包していることはかねてから指摘されているが、中華帝国でも「教化」を拒む民族は時には武力をもって強制的に中華文明に「同化」させられてきた事実があるし(Callahan 2008)、現在でも漢民族主導の同化政策や

「近代化政策」に反対するチベット族等少数民族には激しい弾圧が加えられることも周知の事実である。「人道的介入」等に象徴される欧米の覇権的「均一化」に対する不満は根強いが、欧米中心の国際秩序を棄てて新たな「中国の特色のある」国際秩序に編入することは単に「均一化」を要求する覇権国を替えることにしからないのである。

加えて、中国国内で欧米中心の国際秩序に対する批判は強いものの、これに代わる新たな国際秩序の構築を主張する論者はまだ中国言論界や政策決定層の一部であることも指摘する必要がある。実際のところ、中国国内には現行の国際社会の規範的な枠組み内で行動しその維持に対して責任を負う「責任ある大国(負責任大国)」になる必要がある、という主張はまだ影響力を持っているし、二〇〇六年に放映された『大国崛起』にもみられるように、欧米諸国を中国の「模範」に据える中国式「脱亜入欧」言説もある。これらの主張にみられる共通点は中国が欧米と肩を並べる「大国」となる、という目標を達成するためには欧米諸国の「社会的認知」が必要不可欠である、という考えである。このためには欧米と強固な協調関係を築くことが先決であり、新しい「国際秩序」構想を打ち出すことはいたずらに欧米を刺激し、中国の国益を損なうこととなる。

中国国内では依然としてこれらの「穏健派」と現行の国際秩序により批判的な「国家主義派」や「新左派」との間で意見が分かれており(Shambaugh 2011)、国内での活発な議論や国際政治に「何らかの貢献をする」(「有所作為」)というスローガン以外、中国政府から具体的かつ体系だった新たな国際秩序の構想が提示されたことがないのは国内におけるコンセンサスの欠如が最大の原因と言えるだろう。

◆例外主義外交の限界——国内政治の要因

以上の思想的な限界に加えて、中国とインドはいずれも国内政治にさまざまな問題を抱えており、「例外主義外交」を実行に移せない事情があることも指摘する必要があろう。中国は周知のように国内総生産(GDP)が世界二位となり、近い将来には米国を抜くことも予想されている。しかし、国内の所得格差は激しく、共産党幹部に蔓延する腐敗等の要因も重なり、国内には共産党政権に対する不満が根強い。近年の中国は「和諧社会」と称する政策を打ち出し、経済成長至上主義からより平等な社会を目指す政策へと舵を切ったが、芳しい成果は上がっていない。加えて中国は急速な経済発展からくる深刻な環境問題や少数民族地区での分離独立運動にも直面しており、習近平現国家主席をはじめとする中国指導部は当分の間は山積する国内問題の解決にまず追われることになるだろう。

インドでも同様の問題がみられる。ナーリカー(Narlikar 2007: 990)が指摘するように全人口の七〇%を占める農村人口には深刻な貧困問題が存在する。加えて農村地帯では飲料水、電気等のインフラの整備が追いついておらず、農村部の不満は高まっている。インドの経済成長戦略はハイテク産業やサービス産業の誘致を中心としているが、ハイテク産業に従事するものは全就業人口(四億人)の〇・三%にすぎず、この国内の経済格差が是正されなければインドの経済成長はいずれ行き詰まり、最悪の場合はインド全体が混乱に陥る危険がある、とナーリカーは警告する。

おわりに

本章では台頭するインドと中国の外交政策にある「例外主義」の有無とそれが国際社会に与える影響について考察した。「古代文明の発祥地」、「旧覇権国」というアイデンティティを持つ両国はいずれも自国の台頭を自明の理ととらえている。さらに、印中両国はともに印中台頭後の国際社会で新たな規範の構築に貢献しうる「普遍的な」イデオロギーを持つものと自負している。インド、中国はともにその「普遍的」な価値観が何なのかについて明確なビジョンはまだ持ち合わせていないし、前述したように自国の政治的、経済的安定を脅かす深刻な国内問題を抱えており、現行の国際秩序に対する「脅威」となることは当面ない。しかし、両国の間に共通して流れる歴史観や政治観は「例外主義外交」思想を根強いものにしており、中国とインドの台頭というプロセスに将来どのような紆余曲折があろうとも、この外交思想は今後も両国の外交政策を特徴付ける重要な要素となるであろう。

こうした点をふまえて、最後に、既存の国際秩序の構築の責任を担ってきた欧米先進国がどのように台頭する「例外主義的」なインドと中国に対応するべきかを考察する。前述したように「新興大国」の出現はしばしば国際社会の不安定要素と考えられてきたが、パワー・バランスの変化に伴う紛争はしばしば異なる「普遍主義」を標榜する新興大国によって引き起こされてきたことにも注目する必要がある。「普遍主義」が抱える根本的な問題はその必然的な「排他性」であり、複数の「普遍主義」が共存することはきわめて難しい。印中の台頭はそうした意味で「リベラリズム」という普遍主義によって特徴付けられてきた欧米中心の国際社会の今後のあり方を問うものであろう。

ヘドリー・ブル(Hedley Bull)はかつて欧米諸国の衰退に伴い欧米中心の国際社会から「コスモポリタン」な国際社会へと脱皮する必要を訴えたが(Bull 1995)、覇権国家を自他ともに認める米国ではいかにして自国の標榜するリベラル主義の価値観を存続させるか、という議論の方が先行し(G. John Ikenberry 2012)、異なる「普遍的」イデオロギーの共存について十分な議論が交わされていない印象を受ける。新たな国際紛争の勃発や「冷戦体制」の再現を回避するためには「覇権の存続」よりも新興大国および新たな「普遍的価値観」

との共存を模索する方が重要であろう。

もちろん中国のような一党独裁政権が標榜する新たな国際秩序が自由民主主義国家に受け入れられる可能性は低いし、中国を頂点とする国際秩序よりは欧米を頂点とする現行の国際秩序を選ぶ国家も多いことであろう。しかし、現行の国際秩序とその精神的支柱であるリベラリズムを支持しながらも欧米からの「押しつけ」に反発する一種の矛盾した感情が非欧米諸国に存在することも事実なのである。現行の国際社会の規範の存続を望むのなら、日本をはじめとする自由民主主義国家は印中という二つの「例外主義的」外交を掲げる国家と共存しつつ、今なお根強く存在する欧米中心的な独善を見直す必要性に迫られているのである。

参考文献

外務省「『日印戦略的グローバル・パートナーシップ』に向けた共同声明」二〇〇六年一二月 http://www.mofa.go.jp/mofaj/area/india/visit/0612_gps_ks.html 二〇一三年三月二五日確認。

江西元、夏立平『中国和平崛起』中国社会科学出版社、二〇〇四。

朱鋒「在『韜光養晦』与『有所作為』之間求平衡」『現代国際関係』第九期、二〇〇八年、二七〜二八頁。

新華網「胡錦濤在連合国成立60周年首脳会議上的講話（全文）」、二〇〇五年九月二六日 http://news3.xinhuanet.com/world/2005-09/16/content_3496858.htm 二〇一三年三月二五日確認。

兪邃「世界新形勢与中国特色外交」、徐敦信（編）『世界大勢与和諧世界』世界知識出版社、二〇〇七。

Adas, Michael Machines as the Measure of Men: Science, Technology, and the Ideologies of Western Dominance, Cornell University Press, 1989.

Armstrong, David. Revolution and World Order: The Revolutionary State in International Society, Clarendon Press, 1993.

Behera, Navnita Chadha. “Re-imagining IR in India”, *International Relations of the Asia-Pacific*, Vol. 7, No. 3, 2007, pp. 341-368.

Bozeman, Adda B. *Politics and Culture in International History: From Ancient Near East to the Opening of the Modern Age*. Transaction Publishers, 1994.

Callahan, William A. “The Dangers and Opportunities of being a Rising Power”, *Review of International Studies*, Vol. 31, No. 4, 2005, pp. 701-714.

Callahan, William A. “Chinese Visions of World Order: Post-hegemonic or a New Hegemony?”, *International Studies Review*, Vol. 10, 2008, pp. 749-761.

Chacko, Priya. “The search for a scientific temper: nuclear technology and the ambivalence of India’s postcolonial modernity”, *Review of International Studies*, Volume 37, No. 1, 2011, pp 185-208.

Cohen, Stephen Philip. *India: Emerging Power*, Brookings Institution Press, 2001.

Gilboy, George J. and Heginbotham, Eric. “Double Trouble: A Realist View of Chinese and Indian Power”, *The Washington Quarterly*, Vol. 36, No. 3, 2013, pp. 125-142.

Holsti, K. J. “Exceptionalism in American Foreign Policy: Is it Exceptional?”, *European Journal of International Relations*, Vol. 17, No. 3, 2011, pp. 381-404.

Hurrell, Andrew. “Hegemony, liberalism and global order: what space for would-be great powers?”, *International Affairs*, Vol. 82, No. 1, 2006, pp. 1-19.

Ikenberry, G. John. *Liberal Leviathan: The Origins, Crisis, and Transformation of the American World Order*, Princeton University Press, 2012.

Jervis, Robert. “Understanding the Bush Doctrine”, *Political Science Quarterly* Vol. 118, No. 3, 2003, pp. 365-388.

Kang, David C. *China Rising: Peace, Power, and Order in East Asia*, Columbia University Press, 2007.

Legro, Jeffrey W. *Rethinking the World: Great Power Strategies and International Order*, Cornell University Press, 2007.

Mearsheimer, John J. *The Tragedy of Great Power Politics*, W. W. Norton, 2001.

Narlikar, Amrita. “Peculiar Chauvinism or Strategic Calculation: Explaining the Negotiation Strategy of a Rising India”, *International Affairs*, Vol. 82, No. 1, 2006, pp. 77-94.

Narlikar, Amrita. "All that Glitters is not Gold: India's Rise to Power", *Third World Quarterly*, Vol. 28, No. 5, 2007, pp. 983-996.
Narlikar Amrita. "Is India a Responsible Great Power?", *Third World Quarterly*, Vol. 32, No. 9, 2011, pp. 1607-1621.
National Security Strategy Archive. *National Security Strategy*, 2002. http://nssarchive.us/NSSR/2002.pdf 二〇一三年三月二五日確認。
Neumann, Iver B. *Uses of the Other: "The East" in European Identity Formation*, Minnesota University Press, 1999.
Nyíri, Pál. "The Yellow Man's Burden: Chinese Migrants on a Civilizing Mission", *The China Journal*, No. 56, 2006, pp. 83-106.
Schroeder, Paul. "Historical Reality vs. Neo-Realist Theory", *International Security*, Vol. 19, No. 1, 1994, pp. 108-148.
Segal, Gerald. "Does China Matter?", *Foreign Affairs*, Vol. 78, No. 5, 1999, pp. 24-36.
Shambaugh, David. "Coping with a Conflicted China", *The Washington Quarterly*, Vol. 34, No. 1, 2011, pp. 7-27.
Suzuki, Shogo. "Journey to the West: China Debates Its 'Great Power' Identity", *Millennium*, Vol. 42, No. 3, 2014, pp. 632-650.
Waltz, Kenneth N. *Theory of International Politics*. McGraw-Hill, 1979.
Zhang, Feng. "The Rise of Chinese Exceptionalism in International Relations", *European Journal of International Relations*, Vol. 19, No. 2, 2011, pp.-305-328.
Zhang, Yongjin. "System, empire and state in Chinese international relations", *Review of International Studies*, Vol. 27, Special Issue, 2001, pp. 43-63.

註

1―ただし、現実主義論者の内部でも、新興大国は他国の対抗的行動を警戒するゆえ対外拡張にはきわめて慎重にならざるを得ないと主張するウォルツに代表される「防御的現実主義」(defensive realism)と新興大国は自国の安全の確保のために必然的に覇権的な行動をとる、と主張するミアシャイマー等の「攻撃的現実主義」(offensive realism)との間で意見が分かれていることも念頭に置く必要がある。

2―歴史的な覇権国家は自国を「大国」と見なす傾向があることはかねてから指摘されているところであるが(Hurrell 2006)、後述のように中国とインドにはその「覇権国としての歴史」や「文明発祥の地」という自負から自国を「大国」と見なし、他者に同じ認識を持つことを要求する傾向が強いように思われる。

3—このような欧米国際秩序の「個人主義」の批判が昭和初期の大東亜共栄圏構想にも共通することは興味深い。しかし、中国側の外交政策決定者や研究者の間でこのことが認識されている形跡は今のところない。

4—いわゆる「華夷秩序」がヨーロッパ国際社会と比較して「平和的」だった、という学説は中国の国際政治学研究にしばしばみられるものだが、David Kang(二〇〇七)の研究に代表されるように、近年は欧米でも類似する主張が展開されている。

5—このエリートが主導する「調和(和諧)」のとれた社会を理想としているところに儒教の影響を見ることができる。

6—中国人がその優秀な文明をもって異邦人を「感化」するという発想は以前から存在する。朝貢外交の「来化」や「教化」はその典型的な歴史的事例だが、ニイリ(Nyíri 二〇〇六)が指摘するように民間レベルでも在外中国人や華僑が発展途上国において「未開の民」の近代化を助ける使命を負う、という言説も存在する。

7—普遍的な理想の実現のためには単独主義も辞さない、という考えを代表するものとして二〇〇二年九月にブッシュ政権が発表した国家安全保障戦略(National Security Strategy)がある。ブッシュ政権下の単独主義と普遍主義との因果関係についてはジャービス(Jervis 二〇〇三)を参照。

8—二〇〇六年に発表された『日印戦略的グローバル・パートナーシップ』に向けた共同声明」でインドが自国を「アジア最大の民主主義国」(外務省 二〇〇六)と位置づけているのもこの政策の一環であるといえよう。

9—国際関係論における現実主義の歴史的「普遍性」を批判した論考にはシュレーダー(一九九四)がある。

10—この「比較の対象」を自己アイデンティティの確認の際に構築される「他者」として捉えることも可能であろう。この国際政治における「自己」と「他者」構築の論考にはノイマン(Neumann 一九九九)がある。

第7章 台頭する国家のシミュレーション分析

藤本茂
FUJIMOTO Shigeru

はじめに——思考実験としてのシミュレーション

冷戦後に加速したグローバリゼーションの進展によって、マーケットという装置を利用する多くの国や地域で莫大な富の蓄積が可能となった。その結果、パワーの一構成要素としての経済力が、一国や地域の長期成長戦略の要として従来に増して注目されることとなった。二〇〇八年のいわゆるリーマンショックを境に、日本、アメリカ、ヨーロッパ主要国という先進工業国の経済的低迷とブラジル、ロシア、インド、中国のＢＲＩＣＳ[1]に代表される、かつての開発途上国の経済的台頭が鮮明となってきた。こうした中、最近のロシアや中国などは、経済問題を外交手段として戦略的に活用し、第二次世界大戦後の基本であったアメリカを中核とする国際社会の既存ルールに変更を要求するかのような動きを見せつつある。

本章は、これらの動向を踏まえ、日本、アメリカ、ヨーロッパ主要国、中国、インドを中心に、今後の各国・地域の経済力の推移と、それがもたらすグローバルなパワー分布の変遷を検討して行くこととする。これは、国際社会に起こり得るいくつかの将来像を描き、その可能性の中から今後の日本の外交戦略に一定の視座をあたえることを目的とするものである。

この目的を達するため、本章ではその考察の基盤となる手法としてシミュレーションを採用する。シミュレーションとは、確定していない将来の見通しを得るために実施する思考実験のことである。これは、既存の理論やそれに基づく数理モデル、歴史研究や過去の経験などを基礎に、将来に起こり得る可能性を描き、その内容を検討するもので、以下の三通りの方法が知られている[2]。

まず、過去の実績に基づく数量データを用いて、既存理論に基づく数理モデルをベースにした現実のトレースや今後のトレンドを推計し、目的となる指標の将来値を予測する方法があげられる。これは、社会科学では経済学などでよく用いられる方法で、本章では、機械の脳によるシミュレーションと呼ぶこととする。この方法の利点は、既存理論で説明可能な範囲内であれば、変数や数値データなどのさまざまに組み合わせに応じて膨大な計算を実施し、きわめて大量の思考実験が可能となる点である。ただし、変数間の相互連関性の取り込みなど、より現実的、すなわち複雑性の高い現象を予測するには、あまり適しているとは言えない欠点を有する。

次にあげられるのが、何らかの理論や歴史研究、あるいは経験に基づいて将来を予測する方法で、シナリオと呼ばれることもある。これは、政治経済の相互作用を考慮するなど、より複雑で現実的な思考実験の際に用いられる方法で、人間の脳によるシミュレーションと呼ぶこととする。この方法の利点は、機械の脳によるシミュレーションの欠点を克服する、すなわち、数理モデルで捨象せざるを得なかった要素やダイナミズムを考慮した予測を可能とする点にもとめられる。しかし、さまざまな条件下で大量の思考実験を正確に実施することには自ずと限界があり、それが欠点としてあげられる。

機械と人間、両者の脳によるシミュレーションには、大量かつ正確な試行と現実に則したより複雑な思考実験との間にトレードオフがあることを物語っている。両者の利点を融合し、このトレードオフを解消し得る手法として、最後にあげられるのが、近年注目のエージェント・ベース・シミュレーションである[3]。誤解を承知であえて単純化すると、これは機械の脳が得意とする大量かつ正確な試行と、人間の脳が得意とするより現実的な試行という両者の利点を融合した手法である。すなわち、人間の脳が描くさまざまな条件下での試行を機械の脳が大量、正確かつ速やかに実行する。この試行結果を人間の脳により分析し、分析対象が有する複雑な問題構造を踏まえた予測や既存理論の拡張の方向性に指針を示すことに道を開く手法である。

以上を踏まえ本章では、以降、経済面から見た国際社会に起こり得る複数の将来像と日本はじめ各国の対応に関して、これらの手法を援用しつつ検討していくこととする。

1　経済力の変遷で見る将来像

◆経済成長のメカニズム

政治や経済、文化、宗教など多様な要因が複雑に影響し合い決定されるグローバルなパワーの分布状況を示すことは、主要国・地域の順位を決定する総合的、客観的なパワーに関する指標が存在しないため、現時点においても不可能である。ましてや、将来のグローバルなパワー分布の様相を総合的に予測することは、さらに困難である。

しかし先述の通り、パワーの一構成要素たる主要国の経済力が、今後のグローバルなパワー分布の変遷に大きな役割を果たすことに疑いは無い。そして、この経済力を測る際に一般的に用いられるのが、GDPおよび一人当たりGDPという、富の創出・獲得能力をフローの観点から数量的に示す客観的指標である。これら指標の決定・変動・成長のメカニズム解明は、マクロ経済学の主要な研究分野の一つであり、その理論は、社会的にも科学的にも一定の評価が確立されていると言って差し支えなかろう[4]。したがって、このGDPおよび一人当たりのGDPに関する数値をその時点での主要国・地域が有するパワーを示すものとして代理的に用い、経済成長理論に基づきその変遷を予測することは、将来のグローバルなパワー分布像を数量的に示すことを可能とし、その具体的なイメージをより直感的に把握するための一手段として有効と考えられる。

経済成長理論によれば、経済成長のメカニズムとは要するに

人口の増加×技術の進歩

という大きく二つの要因で構成されると説明される。すなわち、経済力の成長トレンドは、基本的に、前者の人口成長と後者、物的および人的資本の蓄積と生産技術の向上がもたらす技術進歩の相乗効果によって決定されることとなる。この技術進歩について近年の研究では、さらにグローバルおよびローカルな政治経済体制と、それを支える各種制度の質といった要因も大きく影響することを明らかにしている。

以降は、このような経済成長理論に基づき実施された、主要国・地域の経済力の変遷に関するいくつかの代表的なシミュレーション結果を紹介することで、グローバルなパワー分布の将来像の一側面を垣間見て行くこととしよう。

表7-1　機械の脳によるGDPの予測

	2020年	2030年	2040年	2050年
ロシア	7位(6)	5位(15)	5位(17)	5位(17)
インド	6位(7)	4位(24)	3位(48)	3位(79)
中国	2位(23)	2位(71)	2位(99)	1位(126)
ドイツ	4位(15)	6位(13)	7位(12)	7位(10)
イギリス	5位(14)	7位(12)	6位(13)	6位(11)
日本	3位(30)	3位(29)	4位(24)	4位(19)
アメリカ	1位(100)	1位(100)	1位(100)	2位(100)

出典：ウィルソンとプルショサマンの結果を基に筆者作成。( )の数字は、アメリカを100とした時の値である。

◆機械の脳によるシミュレーション

本項では、代表的かつ基礎的な経済成長モデルであるソローモデルにより、二〇五〇年までの主要国のGDPおよび一人当たりGDP値のシミュレーションを行ったウィルソンとプルショサマンの結果を紹介する[5]。

ウィルソンとプルショサマンは、二〇〇三年のドルに対する実質為替レートを基準に、ブラジル、ロシア、中国、インドのBRICS諸国、イギリス、フランス、ドイツ、イタリアのヨーロッパ四カ国、日本、アメリカの二〇五〇年までのGDPと一人当たりGDPの値を、先のソローモデルとそれを構成する各要素の実績値を用いて、文字通り機械的に実施したシミュレーションにより予測した。上記の表7-1は、このうちロシア、インド、中国、ドイツ、イギリス、日本、アメリカの二〇二〇から二〇五〇年まで一〇年ごとのGDPの予測値に基づくこれら七カ国の順位を示すものである[6]。なお括弧内の数字は、各年におけるアメリカのGDPを一〇〇とした時に各国のそれが占める割合を示すものである。

このシミュレーションによれば、GDP、すなわち各国の経済力という観点からは、アメリカを除く主要先進工業国の退潮と新興国、なかんずく中国とインドのますますの台頭が予測されている。中国は、やがて

表7−2 機械の脳による1人当たりGDPの予測

	2020年	2030年	2040年	2050年
ロシア	5位(26)	5位(39)	5位(51)	5位(59)
インド	7位(3)	7位(6)	7位(12)	7位(21)
中国	6位(10)	6位(17)	6位(26)	6位(37)
ドイツ	4位(63)	4位(59)	4位(59)	4位(58)
イギリス	3位(72)	3位(72)	3位(72)	3位(71)
日本	2位(87)	2位(87)	2位(80)	2位(80)
アメリカ	1位(100)	1位(100)	1位(100)	1位(100)

出典：ウィルソンとプルショサマンの結果を基に筆者作成。( )の数字は、アメリカを100とした時の値である。

確実にアメリカを抜き去りその差を拡大し、インドは今世紀中葉以降、急速にGDP規模を拡大し、やがてアメリカ、中国と覇を争い得る存在となることが予測される。

しかし、表7−2で示す国民一人一人の豊かさ、すなわち真の経済力を示す指標である一人当たりGDPの予測値の推移は、一国全体の指標であるGDPの比較で見逃しがちとなる興味深い側面を照らし出してくれる。

GDPという一国の観点で経済力を測った場合、今世紀中葉以降は、アメリカ、中国、インドの規模が大きく、日本やドイツ、イギリスなど現在の主要先進工業国の凋落傾向が予測された。ところが、一人当たりのGDPという指標で見ると様相は一転する。すなわち、アメリカ、日本、イギリス、ドイツといった主要先進工業国の優位は、いぜん揺るぎない状況である。中国、インドの台頭が明白となる二〇五〇年頃においても、国民一人当たりの豊かさという点では、中国で主要先進工業国の四割弱〜六割強、インドは同じく二割〜三割半強という水準に過ぎない。これは、主要国が蓄積してきた技術進歩の能力とそれを活かす政治経済体制に一日の長があり、当面はそのアドバンデージを維持し得るという予測である[7]。

機械の脳によるシミュレーションによれば、GDPという一国規模の経済力で見た場合、中国がやがてアメリカを凌駕し、今世紀中葉から後半にかけて、そこにインドが絡む展開が予測されている。一方、一人当たりGDPの観点では、主要先進工業国の優位は揺るぎないことも同時に予測されている。国民一人一人の豊かさという点で成熟したレベルに達しない中国やインドが、国という単位で測ると世界一、三位の位置を占め、両者のバランスがとれたアメリカと覇を競うという将来像が描かれることとなる。日本やアメリカ、ドイツ、イギリスに代表される主要先進工業国の従来の経験によれば、国民一人当たりの豊かさと一国全体の豊かさの間には、おおむね正の相関関係が見られた。このシミュレーション結果は、国民個々のレベルと一国全体のレベルでの経済力が大きく乖離した中国やインドという異質な大国の台頭を予測するものである。

◆人間の脳によるシミュレーション

前項のシミュレーションは、ソローモデルに基づき各種の実績値を用いた、文字通り機械的に実施した結果である。そこには、歴史や経験に基づく勘という人間の思考が入り込む余地は一切無い。この機械の脳によるシミュレーションに対する多くの反論や反感の根底には、人間の思考を置き去りにしたその手法への漠然とした懐疑の念があると推察される。本項では、経済成長理論の成果を踏まえるという科学的なスタイルを維持した上で、歴史や経験に基づくより現実的な要素を加味した、より人間の思考に沿ったシミュレーションの方法とその結果を紹介する。

経済成長は要するに、人口成長と技術進歩という二要因の相乗効果で説明されるというのが、経済成長理論のエッセンスであった。一方、現実の経済成長は、時々のグローバルな政治経済環境、各国で固有に形成されてきた国内の政治経済制度や慣習、また過去に直面したいくつもの危機への対応経験などが、密接に影響し合って決定される複雑な事象である。本項のシミュレーションは、人口成長と技術進歩の各要因や両者の相乗効果のあり方に、これらより複雑な背景と相関を可能な限り考慮して実施されたものである。

経済成長のシミュレーションに人間の思考を取り入れた重要な試みとして、先ずあげられるのがマディソンの業績である[8]。マディソンは、西暦一年から二〇三〇年までの全世界の国と地域に関する一人当たりGDPおよびGDPを一九九九年の購買力平価を基準に推計する取り組みを続けた[9]。彼の用いた手法は、一九五〇年から二〇〇六年の経済成長に関する実績値を基に、その間のさまざまな歴史的事件とそれらへの各国の対応、気候変動やエネルギー使用量を勘案し総合的に判断するというものである。こうしてまず、二〇〇三年から二〇三〇年の一人当たりGDPを予測し、これに各年の各国人口の予測値を掛け合わせてGDPを予測した。そのシミュレーション結果は、驚くなかれ前節のウィルソンとプルショサマンによるものと酷似している。すなわち一人当たりGDPという本源的な経済力という点では、今後も日本、アメリカ、ヨーロッパ主要国という主要先進工業国の優位は揺るがない。ところが、これに人口という要因を加味すると、中国とインドの台頭が明白となってくる。特に中国の台頭は目覚ましく、二〇一〇年代の半ばにアメリカを追い越して世界第一位の経済大国となり、以降、着実にその差を拡大すると予測している[10]。機械と人間の脳が、ほぼ同じ将来像を描いている点は、興味深いと言えよう。

このマディソンのGDPに関する予測結果は、実はその時々での各国の人口規模に大きく依存している。中国のGDPの拡大は、人口規模が大きいからと単純に説明される。たとえば人口がアメリカの五倍であるとすれば、一人当たりGDPがアメリカの二割であったとしてもGDP規模は同じになる。中国の人口増加率は鈍化が予測されるが、一人当たりGDPがそれをカバーする水準で拡大すると予測されているため、結果としてGDPの規模はますます拡大していくこととなる。インドに至っては、人口と一人当たりGDPともにきわめて順調な成長が予測されるため、結果としてGDPが大きく拡大することとなる。そして、日本とヨーロッパ主要国のGDPという一国レベルでの経済力の低迷は、これも単純に人口減少によるものと説明されることとなる。

しかし人口の増減、特に少子高齢化など人口ピラミッドの形状変化が、一国はもちろん国民一人一人のレベルでの経済力に長期的に与える影響は、このような単純なものでは無い。世界の主要先進工業国および中堅国の多くは、急速な少子高齢化とそれに伴う労働力人口の減少の波にさらされている。特に日本や韓国、今後の中国といった東アジア諸国で、この傾向は顕著である。ここで問題となるのは、この少子高齢化が進展するスピードである。経済成長理論によれば、人口増加は経済成長にとって常にプラスに働く。人口増加の時期には、成長の果実を技術進歩とそれを支える政治経済諸制度の整備に当てることが可能となる。この好循環は人口ボーナスと呼ばれる。一方、人口減少は経済成長に対し常にマイナスの効果を持つ。人口減少が少子高齢化をもたらすとき、労働力人口の減少と社会保障負担の増加などが経済社会の活力を奪うこととなり、技術進歩という成長のエンジンにブレーキをかける。この悪循環は人口オーナスと呼ばれる。急速な少子高齢化の進展は、速やかな人口オーナス対策が要求されることを意味している。日本が高齢社会となるまでに要した時間は、わずか二〇年である。これはヨーロッパ主要国でもっとも早く高齢社会となったドイツが四〇年であったことと比較すると、人口ボーナスの享受と人口オーナスの対策期間が半分しかなかったことを意味する。日本が直面している経済力回復の困難さを鑑みれば、経済成長にとって急速な少子高齢化の進展が大きなブレーキとなることは明らかであろう。そして今、中国が直面しているのは、日本のさらに半分わずか一〇年で高齢社会を迎えるという問題である。

日本経済センターは、急速な高齢社会の進展が経済成長にもたらす悪影響に注目したシミュレーションを

表7–3 人間の脳による1人当たりGDPの予測

	2020年	2030年	2040年	2050年
インド	5位(11)	5位(11)	5位(12)	5位(13)
中国	4位(25)	4位(30)	4位(31)	4位(31)
EU	3位(64)	3位(61)	3位(58)	3位(55)
日本	2位(70)	2位(69)	2位(66)	2位(62)
アメリカ	1位(100)	1位(100)	1位(100)	1位(100)

出典：日本経済研究センターの結果を基に筆者作成。( )の数字は、アメリカを100とした時の値である。

実施した[11]。独自に開発した人口予測の手法を活用することで、アジアを中心とする世界の主要国および地域の一人当たりGDP、およびGDPを二〇〇五年から二〇五〇年に渡り二〇〇〇年の購買力平価を基準として予測した。これは急速な高齢社会の進展と、それが政治経済に及ぼした諸影響、という日本の経験を踏まえた興味深い試みである。上の表7－3は、このうちインド、中国、EU、日本、アメリカの二〇二〇から二〇五〇年まで一〇年ごとの一人当たりGDPの予測値に基づくこれら五カ国・地域での順位を示すものである[12]。なお前節同様に括弧内の数字は、各年におけるアメリカの一人当たりGDPを一〇〇とした時に各国・地域のそれが占める割合を示すものである。

このシミュレーションにおいても一国・地域の経済力の源泉たる一人当たりGDPに関しては、やはり日本、アメリカ、EUといった主要先進工業国が優位を保つと予測されている。ただ日本とEUは、ともに労働力人口および総人口の減少が予測されている。この人口減少に伴う社会全体の技術進歩能力の停滞が、個人レベルで測った経済力の拡大を大きく阻害すると予測されている。また、より注目すべきは中国である。人口オーナスとその対策に非力な政治経済体制の影響がきわめて大きく、二〇二〇年をピークに技術進歩が停滞し、個人レベルでの経済力の大きな発展は見込めないと予測されている。

表7-4　人間の脳によるGDPの予測

	2020年	2030年	2040年	2050年
インド	4位(42)	4位(48)	4位(53)	4位(56)
中国	1位(103)	1位(117)	1位(112)	2位(98)
EU	3位(87)	3位(76)	3位(67)	3位(59)
日本	5位(25)	5位(22)	5位(18)	5位(15)
アメリカ	2位(100)	2位(100)	2位(100)	1位(100)

出典：日本経済研究センターの結果を基に筆者作成。( )の数字は、アメリカを100とした時の値である。

この結果に独自の人口予測を加味した、一国レベルの経済力を示すGDPの予測をまとめたものが表7－4である。

この予測結果は、きわめて興味深いものである。アジア地域全体での少子高齢化と労働力人口の減少は、そのスピードがきわめて速いものと予測されている。特に中国の人口減少は急激で、二〇五〇年には二〇〇〇年のレベルを下回り、労働力人口も二〇二〇年から急速な減少に転じるとされている。その結果、二〇二〇年をピークに中国の経済成長は、勢いを失っていくと考えられている。具体的には、二〇二〇年に一度アメリカを抜いて世界第一位の大国の座を獲得するものの、二〇三〇年代前半をピークに徐々にその差が埋まり、二〇四〇年代後半に再びアメリカに一位の座を明け渡し、以後、引き離されていくこととなる。また日本とEUは、人口の純減と少子高齢化のますますの進展が響き、GDP規模が低迷する。特に日本はその影響が深刻で、二〇四〇年以降はゼロパーセント成長と予測されている。その一方で堅調な人口拡大が予測されているアメリカとインドは、安定した成長が期待されている。その結果、今世紀後半からインドの経済力が、徐々に台頭する姿が描かれている。

◆起こり得る将来像

本節で紹介した機械と人間の脳によるシミュレーション結果は、いずれも経済力の観点から将来のグローバルなパワー分布状況の一端をできる限り客観的、具体的に描く試みであった。このため、両者ともに経済成長理論という科学的な知見に基づき、人口成長と技術進歩という二つの成長要因とその相乗効果のあり方に関し、機械と人間の脳の特徴を活かした将来像を提示した。両者が描く将来像には、いくつかの共通点と一つの大きな相違点が存在する。

先ず共通点は、次の四点である。最初は一国・国民両レベルともにアメリカが、堅調な成長を維持する点である。次は日本やヨーロッパ主要国は、一国・地域レベルでは退潮するものの、個人レベルという経済力の源泉では依然確固たる位置を占め続けるという点である。そして中国とインドという一国の経済力という視点ではプレゼンスを増すが、国民レベルでは主要国に大きく水をあけられている異質な大国の台頭である。最後は今世紀中葉以降にインドの台頭が、ますます明確になるという点である。

一方、相違点は中国である。それは一国の観点で見た場合、今後、中国がアメリカを抜き世界第一位の大国として地盤を固めるか、一度はアメリカを抜くもののやがて再び抜き返されて、以降はその差が拡大するというものである。

いずれの将来像においても、近いうちにアメリカと中国という異質な大国間でのグローバルな主導権をめぐる戦略的対抗関係の顕在化に直面する可能性を読み取ることができる。ではその時、グローバルなパワー分布はどのような様相を呈し、われわれは今どのような備えを行うべきであろうか。次節ではこの困難な課題に対し、機械と人間の脳の特徴を融合したエージェント・ベース・シミュレーションによる思考実験を紹介し、その含意を探ることで解決策に一定の方向性を見出すこととする。

2 将来に向けた思考実験

仮にパワーが客観的指標で計測可能なものであるとすれば、その大小を比較することで各国・地域のグローバルな序列を決定することができる。その指標の一つとしてGDPを代理的に用いるとすれば、経済力により各国・地域のおおまかなパワー序列が把握される。この時国際社会のルールは、第一の経済大国が、あるいはこの大国をサポートする諸国とで形成するグループが、保有するパワーの総力を背景に自らに有利な形で決定する。この現行ルールの下で急速に経済力を蓄えた国は、序列を一気に好転させる。この状況下での関心は、急速にパワーポジションを改善した当該国が、たとえば第二位や第一位の経済大国となった時に、先行グループを利する現行ルールに満足するか否かである。これを前節の将来像に当てはめれば、アメリカを中心に日本やヨーロッパ主要国が形成してきたルールに対して、近い将来中国が変更を試みる事態は起こり得るのか、起こり得るとしたらどのような状況下でのことなのか、と読み替えることができよう。

この点を踏まえ本節では、現行ルールに変更を試みる現状挑戦国が存在する場合、現行ルールに基づく安定した国際社会の維持や変容の条件は何か、という問題に取り組んだ代表的なエージェント・ベース・シミュレーションの結果を紹介する。その後、その結果を基に今後のアメリカと中国によるグローバルな主導権争いの帰結と、その中での日本など主要国の対応のあり方に対して一定の視座を得ることとする。

◆パワー分布変遷史のシミュレーション

グローバルなパワーの分布とルールの形成は、時空間をまたぐ複雑な現象である。また、その過程で繰り返される各国の外交的な意思決定は、必ずしも数量的に把握可能な利益の最大化といった合理的行動の結果という訳でも無い。むしろ政治経済面でのつきあいの長さや、共有する文化的背景、それにともなう親近感、信頼度といった心理的、質的な要素にお互いが影響される側面が強いであろう。アクセルロッドは、こうした数理モデル化が困難な複雑な国際関係における各国のパワーをめぐる競争とその帰結を、単純ではあるが現実的な選択を行う国家の意思決定の結果として通時的に表現する、代表的かつ基礎的なエージェント・ベース・シミュレーションである朝貢モデルにより示した[13]。

この朝貢モデルでは、各国が独立して存在するという原初的な状況を初期値としている。そして国際関係における諸国の盛衰は、他国から突きつけられる「従属か死か」という選択肢への各国の回答（従属するか抗うか）と、それがもたらす帰結（グループを形成するか、紛争を経て互いに傷つくか）の繰り返しの中で決定されるとする。これらを踏まえて、国際社会に生じ得るパワー分布パターン変遷の歴史をシミュレーションにより記述するものである。各国は、従属・抗う、おのおのの選択肢がもたらす損得を勘案し、損害を最小化する選択を行う。朝貢モデルの特徴は、この損得にコミットメントという他国との交流の歴史を通じて形成される信頼度や親近感といった心理的、質的な要素が影響する点にある。その結果、シミュレーションの試行数が増大するにつれてこのコミットメントが通時的に変化し、さまざまなパワー分布変遷の歴史が描かれることとなる。この思考実験が明らかにした特筆すべき結果の一つは、国家間で形成されるグループの頑健性である。歴史を通じてお互いに強い関係性を持つ、すなわち強いコミットメントを有する国家同士で形成されるグループが出現した時、そのグループは協力して敵対国の挑戦に抵抗するようになり、同時にグループ内で紛争が生じないという強い結束を示す歴史パターンが生じた。

この結果は、国際関係における例えば同盟といった自発的なグループが、挑戦国による既存ルール変更の試みを安定的に退け得る歴史の存在を示している。このことは、第二次世界大戦以降にわれわれが経験してきたパックスアメリカーナにおけるルールが支配した歴史が、辿り得たさまざまな歴史の中でも安定した国際関係の実現という観点からは肯定されることを意味する。

◆将来への備え

本書全体を通じての興味関心は、台頭する中国やインドが既存システムへの挑戦国となり得るのか、また日本を始めとした主要国は、どのような備えが必要となるかに視座を与えることにあった。本項では本書の興味関心に沿った観点から先の朝貢モデルを基礎として起こり得る歴史を描いた瀬島モデルを手掛かりに、この問いに答えていくこととする[14]。

先の朝貢モデルの本来の目的は、国際関係の原初的状態から同盟などの自発的グループが政治的な存在として出現することを示す点にあった。このためモデルが描く歴史は、多岐に渡ることとなった。瀬島は強いコミットメントを持つ諸国で構成される自発的グループの存在と、それが国際関係に安定をもたらす可能性を踏まえた上で、パワー配分ルールへの挑戦国の存在を明示的に導入した際に生じる歴史のパターンを示した。この試みは、起こり得る可能性の中からより目的に沿った歴史と主体の特性を取捨選択することで、さらに効果的な分析が実施できるというエージェント・ベース・シミュレーションによる思考実験の利点を活かしたものである。

そこでの結果は以下の二点に集約される。まず挑戦国が富を増大させることができるのは、時々のルールを左右する支配国(もっともパワーを有する国)とグループを組んだ場合に限られる点である[15]。次により重要な点は、支配国となるためには、強いコミットメントを持つ有力国とグループを組むことが必須となる点である[16]。瀬島モデルの結果は、国際関係安定化の鍵が強いコミットメントを有する経済大国間で形成されるグループの存在であることを示すものである。加えて挑戦国は、自身の持続的繁栄のためにも、また、国際関係全体の安定のためにも、そのグループへの参加が求められることを示している。

この結果はやがてわれわれに訪れる将来と、それへの備えに対して大きな示唆を与えるものである。まず認識すべき点は、アメリカであれ中国やインドであれ、もはや唯一の覇権国として国際関係全体を制御する存在たることは不可能な点である。その上でより安定した国際社会を実現するための装置として、強いコミットメントを持つ諸国が構成するグループの構築と強化が不可欠となる。その基盤となるグループの一つとして、日本やアメリカ、ヨーロッパ主要国などを主とするG7があげられよう。このG7を軸に発展するグループは、支配国アメリカへの従属では無く、メンバー間での対等性を前提に共存共栄を目的とするものでなければならない。この時、日本にとって特に重要なのは、今後もゲームチェンジャーとしてこのグループ形成とそれを通じた国際関係の安定化に大きな位置を占め続ける点を十分に自覚することである。日本はもちろん、主要国にとってその際に必要となるのが、相互のコミットメントの強化である。すなわち、メンバー間の信頼関係を深化するために、今後の政治経済の交流に加えて互いの文化や歴史に関するソフトパワー外交の重要性が、ますます増大していく点を良く認識した対応が不可欠となる点である。

また中国やインドといった異質な大国への主要国の対応に関しては、まず両国が有する異質性のゆえに排除、あるいは無批判に敵対視してはならないという点が重要である。それと同時に中国やインドに対しては、現状挑戦国としての対応が無益である点と共存共栄のためのグループ形成がもたらす効果という、本項での分析に立脚する含意を根気よく説き、両国とのコミットメントの強化に取り組む必要性が指摘できる。

おわりに

本章は、中国とインドという異質な国家の台頭が招く、主として経済面から見た国際社会の将来像と日本を含む主要国の今後の対応策について、代表的なシミュレーション結果を示しつつ検討してきた。

一節の機械と人間の脳によるシミュレーションが示した将来像は、以下三点の特徴を有するものであった。まず一国の経済力という観点からは、現在の国際社会のルールを支配してきた豊かなG7諸国の社会とは相当に異質な社会を持つ国家である中国とインドが、今後大きな影響力を持つという点である。次に二〇三〇年から二〇五〇年代の初頭にかけてアメリカと中国による主導権争いが顕在化する危険性が読み取れた。最後にインドの台頭を今世紀後半と予測し、日本やヨーロッパ主要国に関しても一国・地域という観点では相対的に地位が低下するものの、一人当たりの豊かさという点では依然優位性を保ち、その源泉たる高い技術進歩能力を背景に成熟した経済大国として存在感を示すという予測であった。

これらを踏まえて、第二節の代表的なエージェント・ベース・シミュレーションが示した今後の安定した国際社会の姿が、以下の三点であった。まず今後の国際社会では、唯一の覇権国による安定が実現することは無いという点である。次に、豊かな富をメンバーが享受できるという安定した国際社会の実現には、最大のパワーを有する支配国が、有力国と信頼性や親近感というコミットメントを深めつつ構築するグループの存在が不可欠となる点があげられる。そして挑戦国が持続的な成長を実現するためには、このグループに属する以外に無いという点である。このシミュレーション結果に従えば、今後の国際社会を安定化させるためには、アメリカを中心とする主要先進国による既存のグループを発展させつつ、これが主導することが求められる。ただし、その際は基盤となる主要国グループにおいて、メンバー間の信頼度と親近感というコミットメントの更なる強化が大前提となる点を忘れてはならない。そして既存グループのメンバー国は、中国とインドを排除すること無く、両国にこのシミュレーション結果の含意を説き続けると同時にコミットメントを深化させていくという、双方の粘り強い取り組みが求められる。今後の国際社会を考える中で、日本は主要国としてその安定を左右する鍵となる存在で有り続けることが示された。今後の日本の対応を考える際は、国際社会の安定は我が国にとって受動的なもので無く能動的なものであるとの自覚の上に、他の主要国や中国とインドを中心にコミットメントの深化に努める必要があると結論づけることができよう。

以上、本章での各種シミュレーションは、もとより個々の予測の真贋を吟味することを目的とするものでは無い。本章の試みは、複数の将来像の提示を通じていま一度、将来は開かれたものであるという当たり前のことを思い出し、ともすると陥りがちな現在中心主義への警鐘を鳴らすものでもある。

参考文献

秋山英三・沼澤正信「シミュレーション学からの接近」、吉田和男・藤本茂編著『グローバルな危機の構造と日本の戦略　グローバル公共財学入門』晃洋書房、二〇一三年、第Ⅱ部第四章、二三〇〜二五一頁。

遠藤正寛・中川真太郎・遊喜一洋「経済学からの接近」、吉田和男・藤本茂編著『グローバルな危機の構造と日本の戦略　グローバル公共財学入門』晃洋書房、二〇一三年、第Ⅱ部第一章、一六七〜一九六頁。

齋藤誠・岩本康志・太田聰一・柴田章久『マクロ経済学』有斐閣、二〇一〇年

瀬島誠「中国の台頭とパワー移行理論の射程」、山影進編『アナーキーな社会の混沌と秩序』書籍工房早山、二〇一四年、第九章、二〇七〜二三一頁。

田所昌幸・岑智偉・藤本茂「中国の台頭と世界の秩序変動――未来に学ぶ」、吉田和男・藤本茂編著『グローバルな

危機の構造と日本の戦略　グローバル公共財学入門』晃洋書房、二〇一三年、第Ⅰ部第一章、一一～二六頁。
日本経済研究センター『人口が変えるアジア――２０５０年の世界の姿』日本経済研究センター、二〇〇七年。
藤本茂「経済・貿易――「自由貿易」と「ドル」による国際経済体制の変遷」、竹内俊隆編著『現代国際関係入門』ミネルヴァ書房、二〇一二年、第七章、一〇九～一二七頁。
Axelrod, Robert *The Complexity of Cooperation: Agent-Based Models of Competition and Collaboration*, Princeton University Press, 1997.
Maddison, Angus *Contours of the World Economy*, 1-2030 AD, Essays in Macro-Economic History, Oxford University Press, 2007.
O'Neill, Jim "Building Better Global Economic BRICs," Global Economics Paper No: 66, Goldman Sachs, 2001.
(http://www.goldmansachs.com/japan/ideas/brics/building-better-pdf.pdf 二〇一四年五月二三日アクセス)
O'Neill, Jim and Anna Stupnytska "The Long-Term Outlook for the BRICs and N-11 Post Crisis," *Global Economics Paper*, No. 192, New York, 2009.
(http://www.goldmansachs.com/our-thinking/archive/archive-pdfs/long-term-outlook.pdf 二〇一四年五月二三日アクセス)
Wilson, Dominic and Roopa Purushothaman, "Dreaming with BRICs: the Path to 2050," *Global Economics Paper*, No. 99, New York, 2003.
(http://www.goldmansachs.com/our-thinking/archive/archive-pdfs/brics-dream.pdf 二〇一四年五月二三日アクセス)

註

1――ＢＲＩＣｓとは、二一世紀に台頭が確実とされるこれら四カ国の頭文字をとったもので、O'Neill "Building Better Global Economic BRICs," Global Economics Paper No: 66, Goldman Sachs, 2001 が最初に用い、その後、広く社会に認知されることとなった。近年では南アフリカを加えた五カ国をＢＲＩＣＳと表記するため、本書でもそれにならった。

2―より詳しくは、吉田・藤本編著『グローバルな危機の構造と日本の戦略　グローバル公共財学入門』晃洋書房、二〇一三年、序章「グローバル公共財学のすすめ」を参照のこと。

3―エージェント・ベース・シミュレーションについてより詳しくは、例えば秋山・沼澤「シミュレーション学からの接近」、吉田・藤本前掲書、第II部第四章の二四二～二四六頁を参照のこと。

4―マクロ経済学を解説する文献については、枚挙に暇が無いが、差し当たっては最近の優れた入門、解説書として齋藤・岩本・太田・柴田『マクロ経済学』有斐閣、二〇一〇年をあげておく。また、本章の考察での前提となる経済学理論に限り、これをコンパクトに解説したものとして遠藤・中川・遊喜「経済学からの接近」、吉田・藤本前掲書、第II部第一章の、特に一六八～一七三頁があげられる。

5―シミュレーションの基礎となるモデルの詳細については、Wilson and Purushothaman, "Dreaming with BRICs: the Path to 2050," *Global Economics Paper*, No. 99, New York, 2003の一八頁にあるAppendix Iを参照のこと。

本シミュレーションによる予測結果は、"Dreaming with BRICs"というレポートタイトルとともに多くの媒体で取り上げられた大変有名なものである。賛否多くの議論を引き起こした本予測に関しGoldman Sachsは、その後、各国の最新の実績値を基にO'Neill and Stupnytska "The Long-Term Outlook for the BRICs and N-11 Post Crisis," *Global Economics Paper*, No. 192, New York, 2009で再びシミュレーションを実施し、その最新の予測結果を公表した。それによるとＢＲＩＣＳ諸国の経済成長は、今後ますます堅調というWilson and Purushothamanの結果をサポートするにとどまらず、日本、アメリカ、ヨーロッパ主要国のＧＤＰ規模に追いつき追い越す時期が早まったとされている。

本章の目的は、これら予測値の真贋の検討にあるのでは無く、あくまでも起こり得る将来像の大まかな傾向を踏まえた戦略的対応策の策定に資する分析を実施することである。したがって予測される将来像に大きな変更が無いため、本章ではオリジナルであるWilson and Purushothamanのシミュレーション結果を採用することとする。

6―具体的な予測値に関しては、Wilson and Purushothamanの前掲論文を参照されたい。

7―この一人当たりＧＤＰという観点で見ると、経済力という観点で見た場合、ロシアはむしろ先進工業国に似た特徴を有していると言える。

8―Maddison, Angus. *Contours of the World Economy, 1-2030 AD, Essays in Macro-Economic History*, Oxford University Press, 2007. 二〇一〇年に鬼籍に入ったマディソンは、生前より自身が推計した各種データをhttp://www.ggdc.net/

MADDISON/oriindex.htm（二〇一四年五月二四日アクセス）で公開している。

9—以降で紹介するマディソンの用いたシミュレーション手法およびその結果についてのより詳しい紹介は、田所・岑・藤本「中国の台頭と世界の秩序変動——未来に学ぶ」、吉田・藤本編著の前掲書第I部第一章、あるいは藤本「経済・貿易——「自由貿易」と「ドル」による国際経済体制の変遷」、竹内編著『現代国際関係入門』ミネルヴァ書房、二〇一二年、第七章を参照のこと。

10—機械の脳によるシミュレーションでも、Wilson and Purushothamanを最新の実績値に基づき再試行を行ったO'Neill and Stupnytskaでは、中国がアメリカのGDPを追い越す時期は、二〇二〇年代半ばと、よりMaddisonの予測に近い結果となっている。

11—日本経済研究センター『人口が変えるアジア——2050年の世界の姿』日本経済研究センター、二〇〇七年。本書によるシミュレーション結果の概要は、http://www.jcer.or.jp/research/long/detail3532.html（二〇一四年五月二四日アクセス）で参照可能である。田所・岑・藤本「中国の台頭と世界の秩序変動——未来に学ぶ」、吉田・藤本編著の前掲書第I部第一章では、このシミュレーションをより詳しく紹介している。

12—具体的な予測値に関しては、日本経済センターの前掲書を参照されたい。

13—Axelrod, Robert *The Complexity of Cooperation: Agent-Based Models of Competition and Collaboration*, Princeton University Press, 1997の特に一二四〜一四四頁を参照のこと。

14—瀬島誠「中国の台頭とパワー移行理論の射程」、山影進編『アナーキーな社会の混沌と秩序』書籍工房早山、二〇一四年、第九章の、特に二一五〜二二一頁を参照のこと。

15—瀬島誠、前掲書二一六頁。

16—瀬島誠、前掲書二一九頁。

主要人名索引

ア行

カ行

サ行

タ行

ナ行

ハ行

マ行

ラ行

ラ行

ワ行

タ行

ナ行

ハ行

マ行

主要事項索引

2009	7/5	中国新疆ウィグル自治区で漢族とウィグル族が衝突（ウルムチ騒乱）
	7/18	米クリントン国務長官インド訪問。シン首相と首脳会談（7/19）
2011	9	第一回印中戦略経済対話
	11	第二回印中戦略経済対話
2013	4/15	中国人民解放軍の一部がインド領内に侵入し、緊張高まる
	10	インド、シン首相が中国を訪問。習近平国家主席と首脳会談
2014	7/25	中国人民解放軍の一部がインド領内に侵入

1978		パキスタンと中国新疆ウィグル自治区を結ぶカラコルム・ハイウェイが完成
1979	2/17〜3/16	中越戦争（第三次インドシナ戦争）
1984	4/2〜5/15	第一次中越国境紛争
	6/12〜7/10	第二次中越国境紛争
	7/12〜7/14	第三次中越国境紛争
	10/31	インド、インディラ・ガンジー首相、シーク教徒により暗殺
1988	3/14	南沙諸島で中国とベトナムが軍事衝突（スプラトリー諸島海戦）。中国が諸島の一部を実効支配
1989	2	米ジョージ・W・ブッシュ大統領訪中
	6/4	中国で天安門事件起こる
1991	5/21	インド、ラジーヴ・ガンジー首相、スリランカの反政府組織により暗殺
1992	2	中華人民共和国領海および接続水域法（通称領海法）を施行
1998	5/11〜13	インド、二度目の核実験
	5/28	パキスタン、初の核実験に成功
	6/25	米クリントン大統領訪中。江沢民国家主席と首脳会談（6/27）
1999	5〜7	カシミールでインド、パキスタンが武力衝突（カルギル紛争）
2001	6/15	中国の主導で上海協力機構（SCO）が成立
2005	4	中国、温家宝首相がインドを訪問
	11/19〜21	米ジョージ・ブッシュ大統領訪中。胡錦濤国家主席と首脳会談
2006	3	米ブッシュ大統領インド訪問。シン首相と首脳会談。民生用核施設について合意
2007	7	米印原子力協力協定妥結

1966	1/10	インド、パキスタン両軍が交戦前の位置まで撤退することで合意（タシュケント宣言）
1969	3/2	ウスリー川のダマンスキー島で中ソ国境紛争発生（第一次ダマンスキー島事件）
	3/15	第二次ダマンスキー島事件
	6/10	新疆西北部で中ソ軍衝突
	7/8	黒竜江のゴルジンスキー島で中ソ軍衝突
	8/13	新疆で中ソ軍衝突
	9/11	周恩来、北京空港でコスイギンと会談。国境の現状維持と武力衝突の防止で合意
	10/20	中ソ国境問題次官級会談が北京で開始
1971	8/9	印ソ平和友好協力条約締結
	12/3	インド、東パキスタン（バングラデシュ）独立戦争に介入し、パキスタンと衝突（第三次印パ戦争、～12/16）
	12/16	東パキスタン、バングラデシュとして独立
1972	2/21	米ニクソン大統領が電撃訪中。毛沢東国家主席らと首脳会談（ニクソンショック）
	5/22	スリランカ、共和制へ移行
	7/2	シムラー協定によりパキスタン、バングラデシュの独立を承認
1974	1	中国、南沙諸島の領有権主張を本格化
	1/15	中国、西沙諸島の西半分に侵攻（西沙諸島の戦い、～1/20）。諸島全域を占領して実効支配を確立
	5/18	インド、初の核実験に成功

1959	10/21	印中西部国境でコンカ峠紛争
	11	毛沢東、杭州で参謀部将軍たちと面談し、軍事衝突の回避を指示
1960	1/7	中国共産党政治局常務委員会拡大会議（〜1/17）
	4/20	周恩来、インド訪問（〜4/25）。国境問題については決裂
	7/31	新疆で中ソ国境紛争起こる
1961	12/3	中国、「通商・交通に関する協定」の更新交渉を提案。インドは拒否（62.6.3失効）
	12/5	インド、タパル陸軍司令官指令により「前進政策」開始
	12/19	インド、ゴア（ポルトガル領インド）侵攻・併合
1962	4/16	新疆イリ地区で中ソ国境紛争。住民6万人余がソ連領へ
	4/30	中国、西部国境での巡察再開と「前進政策」への警告を通知
	10/12	ネルー、中国に対し強硬発言
	10/16〜28	キューバ危機
	10/20	中国、インド領に大規模侵攻開始。係争地域アクサイチンを実効支配
	11/8	中国、マクマホンラインからの20キロ撤退、アクサイチンの現状維持を提案
	11/21	中国、自主的停戦・撤退声明
	1130	中国、撤退開始を発表
1964	2/23	中ソ国境問題次官級会談が北京で開始
	10/16	中国、初の核実験に成功
1965	8	パキスタン、西部国境のインド支配地域に侵入（第二次印パ戦争、〜9/23）

1954		ベトナム共和国（南ベトナム）、西沙諸島の西半分を占領
	4/29	「中国チベット地方とインド間の通商・交通に関する協定」締結。序文に平和五原則が盛り込まれる
	6/28	周恩来とネルー、ニューデリーで平和五原則を発表
	9/3	中国、台湾金門島を砲撃（第一次台湾海峡危機、～1955/2）
	11/1	フランス領インドが返還される
1956		中国、西沙諸島の東半分を占領
	5	新蔵（新疆－西蔵）公路建設開始（～1957/9）
	10/22	南ベトナムが南沙諸島の領有を宣言
	11/28	周恩来、インド訪問（～12/10）
1958	1	インド巡察隊、新蔵公路を確認
	8/23	中国、台湾金門島に砲撃開始（第二次台湾海峡危機、～10/5）
	10/18	インド、初めて東ラダック（アクサイチン）の領有を主張
	12/14	ネルー、周恩来宛書簡で54年の協定で重要問題は解決済みと主張
1959	1/23	周恩来、ネルー宛書簡で中印国境が正式に画定されたことがないことを主張
	3/10	ラサ蜂起
	3/17	ダライ・ラマ、インド亡命。インドに反共の空気が拡がる
	8/25	印中東部国境でロンジュ紛争
	9/7	インド、初の中国白書を国会に提出
	9/8	周恩来、ネルー宛書簡で中印国境が未画定であることを確認し、中国の領土権を表明
	9/26	ネルー、周恩来宛書簡で国境は確定済みと返信

国境問題を中心にした地域略年表

1914		英領インド帝国とチベット地方政府の間でシムラ協定を締結。同協定に基づく境界がマクマホン・ライン
1946	2	ボンベイでインド海軍の反乱
	8/16	カルカッタの虐殺。イギリス、英領インド帝国の独立を容認へ
1947	8/14〜15	インド連邦（ジャワハラール・ネルー首相）、パキスタン（ムハンマド・アリー・ジンナー総督）分離独立
	10/21	ジャンムー・カシミール藩王国にパキスタンからイスラム民兵が侵入
	10/27	ジャンムー・カシミール藩王、ハリ・シンの要請に基づきインドが武力介入（第一次印パ戦争、〜1948/12/31）
1948	1/20	国連安保理決議39、インド、パキスタン両国に停戦を勧告
	1/30	マハトマ・ガンジー暗殺
	2/4	英連邦セイロン自治領、スリランカとして独立
	9/13	インド、ポロ作戦によりニザーム藩王国を併合（〜9/17）
1949	10/1	中華人民共和国建国
	10/12	中国、新疆に人民解放軍を進行
	11/26	インド憲法成立
1950	1/26	インド、共和制へ移行
	3	中国人民解放軍、パキスタン、インド国境に到達
	10/7	中国、チベット侵攻
	10/25	中国人民解放軍、チベット進駐
1951		中国、チベットを全面制圧
1953	12/31	印中間のチベットに関する通商・交通協定について交渉開始（〜1954/4）

鈴木章悟（すずき・しょうご） 第6章執筆

マンチェスター大学社会科学部政治学科准教授、博士（政治学）
1975年生まれ。英リーズ大学東アジア学部中国科卒業。オーストラリア国立大学大学院国際政治学科博士後期課程修了。オークランド大学非常勤講師、ケンブリッジ大学国際政治研究センター博士研究員を経て、現職。

藤本茂（ふじもと・しげる） 第7章執筆

防衛大学校公共政策学科准教授・（財）平和・安全保障研究所客員研究員、博士（経済学）
1967年生まれ。1994年京都大学経済学部卒業。1999年同大学院経済学研究科博士課程修了。鈴鹿国際大学講師などを経て2007年より現職。著書・論文に『グローバルな危機の構造と日本の戦略――グローバル公共財学入門』（晃洋書房、吉田和男との共編著）、「経済・貿易――「自由貿易」と「ドル」による国際経済体制の変遷」（勁草書房、竹内俊隆編著『現代国際関係入門』第7章）、"Alliance Formation and Better-Shot Global Public Goods: Theory and Simulation"（Evolutionary and Institutional Economic Review Vol.7, pp. 201～225、中川真太郎、瀬島誠との共著）などがある。

山口昇（やまぐち・のぼる）第3章執筆

防衛大学校教授
1951年東京生まれ。防衛大学校卒業、フレッチャー法律外交大学院修士課程修了。ハーバード大学オリン戦略研究所客員研究員、陸上自衛隊第11師団司令部第3部長、陸上幕僚監部防衛調整官、在米大使館防衛駐在官、陸上自衛隊航空学校副校長、陸上自衛隊研究本部総合研究部長、防衛研究所副所長、陸上自衛隊研究本部長を歴任した後、2008年12月退官（陸将）。2009年4月から現職。2011年3月から9月まで東日本大震災対応のため内閣官房参与（危機管理担当）。

畠山圭一（はたけやま・けいいち）第4章執筆

学習院女子大学国際文化交流学部教授
1955年生まれ。早稲田大学卒業。学習院大学大学院政治学研究科博士後期課程退学。ジョンズ・ホプキンズ大学研究員、メリーランド大学客員研究員、ジョージ・ワシントン大学客員フェロー、北陸大学法学部助教授、学習院女子大学助教授を経て2002年より現職。著書に『米国官僚組織の総て』（行研）、『日米新秩序の構想』（行研）、『アメリカ・カナダ』（編著・ミネルヴァ書房）、『中国とアメリカと国際安全保障』（編著・晃洋書房）などがある。

笠井亮平（かさい・りょうへい）第5章執筆

岐阜女子大学南アジア研究センター特別研究員
1976年生まれ。1998年中央大学総合政策学部卒業。2009年青山学院大学大学院国際政治経済学研究科一貫制博士課程単位取得満期退学（2000年修士号取得）。在中国、在インド、在パキスタンの日本大使館で専門調査員を歴任。専門は南アジアの国際関係、インドおよびパキスタンの政治、日印関係史。共著に『軍事大国化するインド』（亜紀書房、2011年）、『インド民主主義の発展と現実』（勁草書房、2012年）など。

編著者略歴（執筆順）

田所昌幸（たどころ・まさゆき）編者・第1章執筆

慶應義塾大学法学部教授、博士（法学）

1956年生まれ。1979年京都大学法学部卒業。1981年同大学院法学研究科修士課程修了。1983年ロンドン・スクール・オブ・エコノミクス留学。1984年京都大学大学院法学研究科博士後期課程退学。姫路獨協大学教授、防衛大学校教授などを経て2002年より現職。著書に『国連財政』（有斐閣）、『「アメリカ」を超えたドル』（中公叢書、サントリー学芸賞）、『国際政治経済学』（名古屋大学出版会、政治研究櫻田會奨励賞）などがある。

マリー・ラール（Marie Lall）第2章執筆

ロンドン大学ユニバーシティカレッジ・教育研究所（UCL Institute of Education）准教授（Reader）

1971年ドイツ生まれ。ケンブリッジ大学（MPhil, 1993年）、ロンドンスクールオブエコノミックス（PhD, 1999年）で学ぶ。ケンブリッジ大学より1993年にM.Phil、1999年にロンドン・スクール・オブ・エコノミクスよりPh.D.を取得。英国議会研究員、ロンドン大学SOAS客員講師などを経て、2003年より現職。著書にIndia's Missed Opportunity, Ashgate, 2001、編著にThe Geopolitics of Energy in South Asia ISEAS, 2009、共編著にEducation and Social Justice in the Era of Globalisation – India and the UK, Routledge, 2011など多数。

台頭するインド・中国
――相互作用と戦略的意義

二〇一五年三月二九日　初版第一刷発行

編著者　田所昌幸
発行者　千倉成示
発行所　株式会社 千倉書房
〒一〇四―〇〇三一 東京都中央区京橋二―四―一二
電話　〇三―三二七三―三九三一（代表）
http://www.chikura.co.jp/

造本装丁　米谷豪
印刷・製本　中央精版印刷株式会社

ISBN 978-4-8051-1057-7 C3031